若手弁護士のための

相談・受任・解決

トラブル
回避術

JN054861

学陽書房

はしがき

　本書は、弁護士が相談者や依頼者と適切な関係性を構築する技術を解説した本です。

　特に、相談・受任・解決という3つの段階に関し、「どのような弁護活動が懲戒請求等を受けるリスクがあるのか」という点を意識して記載しました。各段階に応じてご参照いただければ幸いです。

　私たち弁護士は、司法修習を通じて、裁判実務や各法律文書作成技術等を研鑽する機会が与えられます。もっとも、弁護士業務はこれだけではありません。弁護士は、相談者や依頼者がいなければ成立しない以上、相談者や依頼者との関係性を適切に構築することも業務の一環として求められます。ですが、司法修習ではそのような技術を習得する機会は限られています。

　弁護士数の増加によって、相談者や依頼者を獲得する弁護士間の競争は激化するとともに、相談者や依頼者の弁護士に対する目は厳しさを増しています。

　また、弁護士は、相談者や依頼者からの信頼に応え適切な弁護活動を行わなければ、懲戒請求等を受けるリスクがあります。一方で、相談者や依頼者の期待に応えようとするあまり行き過ぎた弁護活動をすれば、不当な弁護活動であるとして懲戒請求等を受けるリスクもあります。

　弁護士を取り巻く環境が厳しさを増す現在、相談者や依頼者との関係性を適切に構築しながら弁護活動を行うための技術を習得することは必要不可欠です。

　本書が、これから弁護士登録をする司法修習生や弁護士登録後間もない若手の先生方にとって、少しでもお役に立つことができるのであれば望外の喜びです。

　令和6年4月

　　　　　　　　　　　　　　　　　　　　　　　　　　長瀬　佑志

第1章 トラブル回避の超基本

第2章 相談・受任におけるトラブル回避術

第3章 解決段階におけるトラブル回避術

凡例

法令等の内容は、2024 年 4 月現在施行のものによります。
本文中、法令等および資料、裁判例を略記した箇所があります。次の略記表を参照してください。

【法令その他】

〈略記〉	〈法令名等〉
民訴法	民事訴訟法
民執法	民事執行法
民訴規	民事訴訟規則
民執規	民事執行規則
職務規程	弁護士職務基本規程
報酬規程	弁護士の報酬に関する規程
会則	日本弁護士連合会会則

【裁判例】

〈略記〉	〈裁判所名等〉
最判（決）	最高裁判所判決（決定）
高判（決）	高等裁判所判決（決定）

【資料】

〈略記〉	〈資料名等〉
民集	最高裁判所民事判例集
「弁護士白書」	日本弁護士連合会「弁護士白書〔2022 年版〕」

【判例の表記】

〈正式〉最高裁判所判決昭和 63 年 1 月 26 日最高裁判所民事判例集 42 巻 1 号 1 頁

〈略記〉最判昭和 63 年 1 月 26 日民集 42 巻 1 号 1 頁

第1章

トラブル回避の
超基本

1 トラブル回避の要は「依頼者の満足」にある

1 業務の価値は依頼者が決定する

　弁護士は、訴訟等による紛争解決を目指す臨床法務、契約書や諸規則の作成、チェック等の予防法務、新たな事業活動や業務提携等を後押しする戦略法務等、社会生活において多岐にわたる活動を行えます。しかし、いずれの場面でも依頼を受けなければ始まりません。

　弁護士としてご自身が関与したい分野や業務、理想像があったとしても、すべては法律業務を依頼する依頼者があってこそのものです。

　このように弁護士業務は、依頼者がいなければ成立しない点で**サービス業の面**も内在しています。

　サービス業においては、物品等ではなく、技術や知見の提供が依頼者への価値になります。そして、依頼者に提供する価値は、サービスを提供する側ではなく**サービスを受ける側が決定**します。

　法律業務に関していえば、サービスを提供する私たち弁護士がどれほど「良い業務を遂行した」と思っていても、サービスを受ける依頼者が満足しなければ、弁護士の業務の価値を評価してもらうことはできません。

　交通事故事案を一例に挙げてみましょう。

　交渉段階では保険会社から提示された賠償金額が 100 万円でしたが、訴訟に移行して 1 年後に最終的な解決金額が 200 万円に増額したという事案があったと仮定します。この場合、解決金額が 2 倍に増額したことで依頼者が満足するかといえば、必ずしもそうとは限りません。解決金額が増額したとしても、**解決までに訴訟に移行してから 1 年も要したことに不満を抱く**依頼者もいたりします。

　私たち弁護士は、弁護士として私たち自身が納得できる仕事をするだ

けでなく、**依頼者が満足できる仕事をすること**も常に意識しなければなりません。

依頼者が弁護士の業務に価値を実感してくれなければ、正式な受任にも至らないことになります。

2　苦情申立ての多くは「依頼者」から寄せられている

弁護士業務は依頼者なくしては成立しないことから、弁護士は常に依頼者との関係を意識しなければなりません。

弁護士は依頼を受けた案件の結果を保証することはできませんが、**依頼者は一定の成果を期待して弁護士に依頼**しています。

弁護士が依頼を受けた案件に対して、依頼者が期待する成果を出すことができなければ、依頼者が弁護士に対して不満を抱くこともあり得ます。場合によっては、依頼者が弁護士に対して苦情を申し立てることも考えられます。

弁護士に対する苦情申立てには、以下のような方法があります。

■弁護士に対する苦情申立ての方法

| ① 弁護士会苦情相談市民窓口 |
| ② 法律相談センターへの申立て |
| ③ 弁護士会役員等への申立て |
| ④ 紛議調停手続 |
| ⑤ 懲戒請求 |

深刻な場合には、弁護士に対する懲戒請求にまで発展するおそれがあります。

実際、弁護士に対する苦情申立ては、**相手方や第三者からよりも、依頼者から寄せられる方が多い傾向**にあります（「弁護士白書」148頁）。

そして、依頼者から弁護士に寄せられる苦情申立ての件数は、増加傾向にあります。直近の統計データでは、弁護士の**約2.4人に1人が苦情**

申立てを受ける計算になります（「弁護士白書」149頁）。

　依頼者からの苦情申立ては、以下のようなリスクにつながるおそれが
あります。

■依頼者からの苦情申立てのリスク

①懲戒リスク
　　懲戒請求手続への対応を余儀なくされるリスク
②損害賠償リスク
　　委任契約上の善管注意義務違反に基づく損害賠償請求を受けるリ
　　スク
③弁護士報酬未回収リスク
　　成功報酬未払・着手金返還請求のリスク
④レピュテーションリスク
　　依頼者及びその関係者からのネガティブな情報により信用を毀損
　　されるリスク
　　近時はインターネット上でも弁護士・法律事務所の苦情が拡散す
　　るおそれがあります。

　いずれも弁護士にとっては精神的・経済的にも大きな負担となるため、
事前に回避方法と対策を検討しておきましょう。

3　依頼者から寄せられる苦情申立ての内訳

　依頼者から弁護士に寄せられる苦情の内訳を見ると、「処理の仕方」
（29.5％）、「対応・態度等」（25.9％）、「処理の遅滞」（17.7％）が全体の
約73％を占めており、次いで「報酬」（10.8％）、「預り金処理」（2.0％）
という金銭的な事項が12.8％となります。「終結結果への不満」につい
ては6.4％にとどまります（「弁護士白書」148頁をもとに計算）。

　弁護士に寄せられる苦情の内訳からは、依頼者は弁護士に対し、依頼
案件の「結果」や弁護士費用よりも、**「過程」に強い不満を抱く傾向**に

あることがわかります。

4　依頼者の苦情への対処法

　上記苦情の内訳からすれば、依頼を受ける弁護士としては、結果の見通しをあらかじめ伝えておくことも大切ですが、結果だけを重視するのではなく、むしろいかにして**依頼者に「過程」で満足してもらう**ことができるかを意識することが大切といえます。

　残業代請求事件における使用者側での代理対応や、債権回収事件における債務者側での代理対応等のように、敗訴する可能性が高くとも、依頼者自身では適切に対応することが困難であり、弁護士が代理対応すべき案件は存在します。このような事案では、依頼者も不利な結果になることをある程度は事前に受け入れる覚悟もありますが、依頼者自身で対応することに不安があるために弁護士に依頼することを検討してくれています。依頼を受ける弁護士としては、不利な結果が予想されるとしても、依頼者の不安をできる限り解消するとともに、依頼者の不利益を緩和するよう対応していくことが、依頼者から期待されている役割といえます。

　弁護士が依頼者から期待されている役割を意識して、案件対応の過程を通じた満足度を向上させることを意識していきましょう。

　なお、依頼者からの苦情は、必ずしもリスクという面だけを有しているわけではありません。

　依頼者が苦情を申し立てるということは、依頼者の期待と現実の間にギャップがあることから生じているともいえます。依頼者の苦情に対して適切に対応するとともに、回避策を講じることによって、依頼者との間で信頼関係を強めるきっかけとなることもあります。また、今後の弁護士業務におけるサービスを改善する契機にもなります。

2 トラブル回避の基本は「社会人としての能力」

1 社会人としての能力と自営業者としての能力

　弁護士は法律の専門家であると同時に、サービス業であることも求められます。

　法律専門家としての能力については、弁護士として登録する過程における司法試験等の各試験制度や、司法修習生としての実務修習を経ることで、教育を受ける機会が体系的に提供されています。

　一方で、弁護士のサービス業としての能力・技術を体系的に教育される機会は、これらの試験制度や実務修習ではほとんど与えられません。弁護士のサービス業としての能力は、**各弁護士が意識的に習得せざるを得ない**ことが実情といえます。

　弁護士のサービス業としての能力を大別すれば、**①社会人としての能力**と、**②自営業者としての能力**に分類することができます。

　①社会人としての能力は、弁護士業務を遂行する上で必要な社会生活において期待されるビジネスマナーとコミュニケーション能力といってもよいでしょう。私たち弁護士は、相談者や依頼者はもちろんのこと、相手方や裁判所、検察庁や保険会社等、様々な立場の方とコミュニケーションを取り合うことが求められます。相談者や依頼者以外の関係者とのコミュニケーションにあたっては、場面に応じた言葉遣いや立ち居振る舞いの使い分けが必要となります。関係者や場面に応じた適切な対応をするために、ビジネスマナーを習得することは円滑なコミュニケーションを実現する上でも有益です。

　②自営業者としての能力は、弁護士業務によって事業として維持・成長できるためのマーケティング能力とマネジメント能力といってもよいでしょう。

そして、トラブル回避のためには、「社会人としての能力」が重要です。先ほども述べたとおり、弁護士に対する苦情申立ては、相手方や第三者からよりも、依頼者から寄せられるほうが多い傾向にあります。また、依頼者は、「結果」や弁護士費用よりも、**「過程」に強い不満を抱く傾向**にあります。依頼者から、「過程」に不満を抱かれないようにすることが、トラブル回避の要となりますが、そのためには**ビジネスマナーやコミュニケーション能力といった「社会人としての能力」**が求められます。

　以下では、「社会人としての能力」を詳しくみていきましょう。

2　社会人としての能力①──ビジネスマナーの重要性

　社会人としての能力のうち、ビジネスマナーは弁護士の印象を左右する重要な能力の一つです。**弁護士に対する信頼関係は第一印象で決まってしまう面は否定できません。**初回相談時の相談者との関係性の構築は、初めて対面で会う際の弁護士の態度で判断されることもあります。

　例えば、名刺交換をする際に、誰から、どのような順序で名刺を渡すのか、また相談者から受け取った名刺はどのように置くとよいのかなどのビジネスマナーがありますが、このようなビジネスマナーを適切に行えるかどうかは、相談者から弁護士が適切な社会人経験を有しているかどうかを判断されるきっかけにもなります。名刺交換以外にも、電話対応時の言葉遣いや発声の仕方等も、弁護士の印象を左右する要素になります。

　ビジネスマナーを意識することによって弁護士に好印象を抱いてもらえれば、相談者をはじめとした関係者と円滑にコミュニケーションを図ることが期待できます。逆に、ビジネスマナーが不適切であるために、弁護士に対する不信感を抱かれた場合、相談者が安心して話をしてくれなかったり、そもそも依頼をしようという気にならなかったりすることも起こり得ます。

　相談者以外にも、相手方との交渉の際も同様にビジネスマナーを意識する必要があります。相手方であればどのような態度をとっても問題はないということはあり得ません。むしろ、相手方は依頼者の代理人であ

る弁護士に対しては警戒心や敵愾心を抱いている場合もあり、威圧的な言動を示せば、より**態度が頑なになったり、場合によっては弁護士の不適切な言動を捉えて懲戒請求に及んだりする**こともあり得ます。私たち弁護士の業務は委任を受けた事項の適切な解決が目的であることから考えれば、相手方に対しても敬意を忘れずにビジネスマナーを意識した態度を取るべきだといえます。

3　社会人としての能力②——コミュニケーション能力

　社会人としての能力のうち、コミュニケーション能力は弁護士業務において必須といえます。弁護士は、相談者や依頼者だけでなく、相手方や裁判所、検察庁や保険会社等、受任案件ごとに様々な立場の方とコミュニケーションを取ることになります。

　弁護士は、受任案件を適切に解決するために、事実を整理し、法解釈を当てはめ、依頼者だけでなく相手方や裁判所を説得して妥当な解決策を探っていくことになります。弁護士が提案する解決策を関係者に受け入れてもらうためには、なぜこの提案が妥当と考えられるのか、その理論的な根拠も示しながら納得していただく必要があります。

　例えば、交通事故事案における損害賠償額の示談交渉を考えてみましょう。この交通事故事案で解決金額を 200 万円とすることがなぜ妥当なのかということは、交通事故実務における傷害慰謝料等の各損害項目の算定基準に照らして妥当であることなどの理論的な根拠を背景としながら、最終的には保険会社と依頼者双方に解決案を受け入れてもらえるようコミュニケーションを図ることになります。

　弁護士が関係者と取るべきコミュニケーションは、単なる事務連絡にとどまるものではなく、要所要所で**関係者を説得していくためのもの**であることを意識しておきましょう。

　そして、関係者を説得するためには、関係者が何を求めているのかを想像することが有効です。「**三手先を読む**」という言葉がありますが、自分の最初の一手に対し、相手方が二手目を指し返すことを想定し、さらに相手方の手に対して自分が三手目を指すことを想定する、という考

え方をとることで、どのような提案を現時点ですべきなのかが判断できるようになります。「三手先を読む」は、一見すると簡単なことのようではありますが、実際には相手方の反応やそれ以外の事情の変化によって考慮すべき事情が変わることもあり得るために、必ずしも想定どおり進みません。ですが、「三手先を読む」を意識しながら関係者とのコミュニケーションを図ることによって、コミュニケーション能力の向上を目指していきましょう。

4 司法研修所が考える「弁護士に求められる能力」

　法律の専門家として弁護士に求められる能力に関し、司法研修所編『8訂　民事弁護の手引（増訂版）』4頁では、「民事弁護で必要とされる技術」として、以下の7つの技術が紹介されています。

ア　事件を適切に把握する技術
　　事実調査能力
　　法令及び判例の調査・分析能力
イ　事件解決について具体的に見通しをつけることができる技術
　　手続法（訴訟法・保全・執行・倒産法等）についての基本的な理解
　　手続法や関連する制度とその具体的な運用についての理解
ウ　当事者の利益にかなう法律文章作成の技術
　　文章表現能力（説明力・説得力）
　　さまざまな法律文書（訴状・準備書面・契約書等）の機能や役割の理解
エ　訴訟における立証技術
　　各種の証拠収集技術
　　訴訟上の尋問技術
オ　依頼者との信頼関係を形成する技術
　　コミュニケーション能力
　　人間の多様性やさまざまな経験則への理解と洞察

カ　相手方との交渉技術
　　　さまざまな紛争についての理解と洞察
　　　各種の紛争解決の技法の理解と修得
キ　弁護士活動の基礎を確立し危険を回避するための技術
　　　弁護士倫理についての具体的理解
　　　弁護士活動を成り立たせ活動を順調に営むための技術

　この7つの技術のうち、ア～エの技術は、特に「法律専門家としての能力」といえるでしょう。

　ア～エの技術は、依頼を受けた後に適切に事案を解決するために必須の能力です。これらの技術は一朝一夕で習得できるものではなく、日々研鑽を継続しなければなりませんが（私も日々悪戦苦闘しながら研鑽を重ねている身です）、1件1件の案件を大切に解決していくことで、必ず自分自身の実力となって積み重なっていきます。焦らず、弛まず、薄皮1枚を重ねていくように日々の業務に向かい合っていきましょう。

　そして、トラブル回避に重要な「社会人としての能力」は、オ～キの能力といえます。ビジネスマナーやコミュニケーション能力は、弁護士にとっても依頼者との円満な関係性を構築するために欠かすことができません。「社会人としての能力」を習得するためには、ビジネスマナーに関する書籍や、外部のビジネスマナー研修を受講することで、研鑽していきましょう。もちろん、本書もぜひご活用いただければと思います。

5　サービスの可視化を意識する

　弁護士の業務はサービス業でもあると言いましたが、サービス業はモノではなく価値を提供するという性質上、**目に見える成果物が残りにくい**という面があります。

　弁護士業務においても、依頼者に弁護士業務の内容を説明する際には、客観的な成果物を示しにくいという面は少なからずあります。例えば、相手方との交渉過程や、裁判期日における裁判官との対応をすべて可視化して説明できません。

もっとも、このような**交渉過程や裁判対応についても、その一部を可視化することは可能**です。例えば、相手方との交渉過程については、書面やFAX送信、メールやLINEでのやり取りであればその写しを依頼者に送付することは可能です。また、裁判対応であれば、各期日での期日報告書をその都度作成して依頼者に送付したり、場合によって弁論調書を謄写したりするということも考えられます。

　このほかにも、相談者や依頼者との法律相談についても口頭での面談だけで済ませるのではなく、相談概要を整理した**メモを共有**することも有効です。なお、法律相談についてはメモの作成以外にも、ホワイトボード等を利用して相談内容を整理したものを写真で撮影し、**可視化したボード図を印刷して渡す**ことも考えられます。

■可視化のためにホワイトボードに整理した図の例

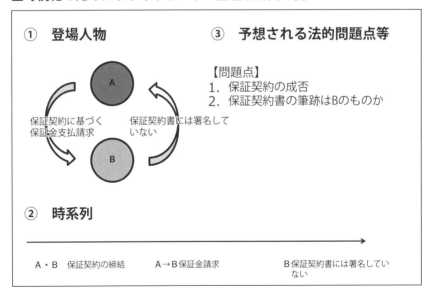

6　「凡事徹底」と「依頼者目線」

　トラブル回避のための「社会人としての能力」のポイントとして私はいつも、「凡事徹底」を心がけています。当たり前のことを徹底して行

うということですが、誰でもできることを実行し続けることは、誰にでもできることではありません。

期日や期限を守る、ファイルを整理整頓する、問合せに対しては一定期間内に回答する、リサーチは主観的な意見を述べるのではなく客観的根拠を添付する、等々のことは、**弁護士1年目であっても実行できること**です。

ですが、このような当たり前のことを、毎日、何年にもわたって実行し続けることは並大抵のことではありません。当たり前のことを徹底して行うという「凡事徹底」を実行することができれば、それだけで他の弁護士と大きく差別化できます。

次に、弁護士の業務は、「自分のため」ではなく「**依頼者のため**」に行うものであることを意識しましょう。弁護士の業務は、依頼者があって初めて成り立つものです。相談者・依頼者から選ばれる弁護士にならなければ、弁護士業務の端緒につくこともできません。相談者・依頼者から選ばれる弁護士になるために、「依頼者のため」にどのような対応が求められるのかを考えて行動することです。自ずと各場面においてとるべき対応を判断できるようになります。

法律事務所に勤務する弁護士である場合には、当面は所内の他の弁護士から案件が配転されるという形式もあるかと思います。このように所内で案件が配転される場合には、**勤務弁護士にとって最大の依頼者は所内の経営層や先輩弁護士**ということになります。勤務弁護士が所内の経営層等の信頼を得て希望する案件を配転されるためには、経営層等が求めていることに応えていく必要があります。法律相談等におけるリサーチや関係者との連絡窓口等、経営層等が勤務弁護士に求める業務は様々なものがあります。これらの要請に対応し、所内の期待に応えることができれば、自ずと勤務弁護士の立場でもやりたい業務に携わる機会が増えていきます。勤務弁護士の場合には、事務所内部での信頼を得ることができれば、結果として事務所外部の相談者からの信頼も得ることができ、事務所内外を問わず選ばれる弁護士になることができます。

7　スケジュール管理における留意点

「凡事徹底」の中でも、特にスケジュール管理は注意するようにしましょう。

弁護士は、様々な予定が入ることが常態化しています。裁判期日はもちろんのこと、新規相談や依頼者との打合せもあれば、現地訪問、社外役員としての各会合への出席等、数多くの予定が入ります。

スケジュール管理がうまくできなければ、ダブルブッキング等を起こしてしまうなど、業務にも深刻な支障をきたしかねません。

スケジュール管理にあたっては様々なツールや方法論がありますが、私の場合には以下のように**複数の段階でスケジュール管理の漏れがないようにチェックする**仕組み化をしています。

■複数の段階でスケジュールを管理する

①　Google カレンダーに予定を入力する
②　紙の手帳に予定を転記する
③　スタッフ側で担当弁護士の予定を確認し、1週間ごとに予定一覧表を作成する
④　特に重要な予定は、期日の前にアラートの通知が届くようにkintone に設定する

このほかにも各弁護士、各法律事務所に適した方法があるかと思いますが、複数のチェックが機能する仕組みを採用することで、スケジュール管理のミスを回避できることが期待できます。

8　案件管理（案件の進捗状況の管理）

スケジュール管理と同様に、案件管理も重要なポイントです。

弁護士は常に複数の案件を同時に多数対応することが求められます。担当弁護士の記憶だけですべての案件を正確に把握することは現実的で

はありません。案件管理についても、スケジュール管理同様、仕組み化をすることが有効です。

　まず、案件管理にあたっては、「３Ｓ：整理・整頓・清潔」を徹底しましょう。案件管理でよく耳にする失敗例は、事件記録をファイルに収納して管理しているところ、誤って別の事件記録の書類を他のファイルに綴じてしまった上、どのファイルに綴じたのかを忘れてしまったために、必要な書類を探すだけで全ファイルを見直すことになった、という類のものです。このような事態は、**同時に複数の事件記録を１か所の机上に広げたりするために**起きてしまいます。このような事態が起きないようにするためには、机には常に１事件分の記録しか広げないようにした上で、事件記録の検討が終わった段階で直ちに記録を片付けるようにすることが有効です。また、**机の上は、常に必要最低限のものしか置かない**、ということも有効です。机の上に検討している案件以外の資料等が置いてあると、目に入るだけで集中力が削がれることになってしまい、ミスを起こすおそれも高まります。

　次に、記録の管理に関しては、紙媒体で管理するほか、電子データ（PDF）で管理するという方法が挙げられます。

　紙媒体で管理する場合には一覧性に優れるという長所があります。また、偽造された可能性がある証拠等、証拠の信用性を検討する場合には、紙媒体で慎重に検討したほうが発見しやすいという点も長所として挙げられます。ただし、持ち運びが煩雑であるほか、手元に紙媒体の記録がなければ検討ができないといった短所があります。

　一方、電子データで管理する場合には、電子データにアクセスさえできれば時間や場所を選ばずに記録を検討できる上、OCR検索をかけることで検索機能を設定することもできるほか、持ち運びも容易という紙媒体にはない長所があります。

　紙媒体での管理、電子データでの管理、いずれも長所・短所がありますが、裁判のIT化が進められている現状に鑑みれば、**電子データによる記録の管理に移行していくことが予想**されます。筆者の法律事務所では、紙媒体でファイルも１冊作成した上で、すべての記録を電子データ化するようにしており、いずれの方法にも対応できるようにしています。

案件の進捗管理という点では、**依頼者と相手方、関係者の住所・氏名をデータ化し**、所内で検索できるようにしておきましょう。利益相反関係のチェックの際は、依頼者だけでなく相手方や関係者の住所・氏名も確認できるようにしておく必要があります。また、**各案件の進捗状況は、必ずその都度記録に残す**ようにしておきましょう。各案件の進捗状況を記録に残しておかなければ、依頼者から進捗状況について問合せがあった際にすぐに正確に回答できないだけでなく、長期間進行が止まっているかどうかの判断ができなくなります。弁護士によくあるクレームの典型例として、業務停滞が挙げられますが、長期間にわたって案件対応を放置してしまう要因の一つとして、各案件の進捗状況を正確に記録・把握できていないことが考えられます。

　筆者の事務所では kintone を利用して**各案件の進捗状況をクラウド上で管理しており、担当弁護士だけでなく他の弁護士・スタッフも把握**できるようにしています。定期的に案件の停滞等がないか巡回チェックするほか、一定期間案件に動きがない場合には担当弁護士にアラートが送付される仕組みとなっています。

　見通しがはっきりしない案件や、関係者とトラブルになってしまっている案件は、着手が後回しになってしまいがちですが、このように難しい案件ほど後回しにすればより深刻化してしまうので、とにかく少しでも手を動かすことを最優先にしましょう。「**着手さえすれば半分は解決したも同然**」といわれるように、実際に少しでも着手すると、思いのほかスムーズに対応できることも少なくありません。

　適切な案件管理のためにも、進捗状況の記録は仕組み化し、必ず習慣として取り入れましょう。

3 トラブル回避を左右する 「過程」と「結果」

1 「過程」に満足してもらうためのポイント

　弁護士業務における「過程」に満足してもらうためのポイントとして以下の6点が挙げられます。

1 「サービス」は自己完結できないことを理解する

　「サービス」は「弁護士」と「依頼者」の二者がいるからこそ成立します。

　そして、「サービス」の良し悪しは、「弁護士」ではなく「依頼者」が判断します。法律の専門家である「弁護士」からすれば非常に良い出来栄えの書面や結果であったとしても、法律の専門家ではない「依頼者」からは書面の出来栄えや結果の水準がわからなければ思ったほど評価していただけないこともあります。

　「サービス」は提供する弁護士ではなく受け手である依頼者が評価することを理解しなければ、「過程」において依頼者の満足を得ることは難しいといえます。

2 弁護士業務を「見える化」する

　弁護士が提供するサービスは、法的見解の提供や代理対応が中心であり、その多くは無形という特徴があります。商品という有体物を提供するわけではないため、弁護士が提供するサービスのイメージを依頼者に伝えることは容易ではありません。

　弁護士の提供するサービスを依頼者に伝えるためには、できる限り業務の遂行過程を「見える化」することを意識していきましょう。

　例えば、法律相談時にはホワイトボードを利用することを提案してい

ますが（本書 21 頁参照）、これも法律相談の過程を「見える化」する一手法です。このほかにも、契約書等のチェックの際には**修正履歴**を付したり**コメント**を付したりすることによって、視覚的にも弁護士が業務を遂行した過程を「見える化」することが可能になります。

依頼者にも理解できる**視覚的記録を残していく**ことによって、弁護士の提供するサービスをわかりやすく伝えるようにしましょう。

3　依頼者との連絡場面（「報・連・相」）での定型化

依頼者から寄せられる苦情の一つとして、依頼した案件の進捗状況がわからないということが挙げられます。

依頼者から、「依頼した件はどのようになっていますか」という問合せが入った場合、これは依頼者が弁護士に対して依頼した案件に対して不安をいだいていることの現れであり、**苦情への黄色信号が点灯している**と考えたほうがよいでしょう。

このような依頼者の不安を解消し、苦情を回避するためには、定期的な進捗状況の報告を行うという手法も考えられます。

もっとも、担当案件数が増加してくると、定期的な進捗状況の報告を行うことも容易ではありません。また、依頼者がメールや LINE 等の電子的方法による連絡手段を採っていない場合、形式的な事務連絡をするためにその都度架電したり、面談を設定したりすることは、弁護士・依頼者の双方にとって過大な負担が生じることになりかねません。

また、あまりにも頻繁に弁護士から連絡を行い続けると、本来であれば案件対応に必要のない事項についてまで依頼者が連絡を求めてくることにもなりかねません。このような状態が続くと、依頼者が弁護士に依頼している法的代理活動以外のことまで連絡を求めてくるようになり、**弁護士への強い依存を寄せる**ことも起こり得ます。特に離婚案件等、依頼者にとって強い精神的ストレスが生じるような場合には、担当する弁護士に法的サポートだけでなく、心理的サポートを期待することも少なくありません。できる限り依頼者の力になりたいと考える弁護士であれば、法的サポートだけでなく心理的サポートもできるように尽力することも決して悪いことではないのですが、その結果として事務所の営業時

間外や休日であっても弁護士と頻繁に連絡を取ることを依頼者が求めるようになったりすれば、担当する弁護士も疲弊してしまいます。弁護士として依頼者のために貢献できることは、まずは法的サポートを適切かつ継続的に実施することであり、心理的サポートは本来の役割とは異なることも意識し、**依頼者とは適切な距離を置きながらサポートをしていく**ことを心がけるべきでしょう。

弁護士が依頼者に連絡を取る頻度及びタイミングとしては、弁護士が書面を作成するにあたっての必要な打合せの連絡や、作成した書面のドラフトの確認依頼があります。ほかに、相手方や裁判所等の関係者から送付されてきた資料の報告や、裁判期日の報告等、**弁護士業務と関係する事務が発生するたびに連絡**することが望ましいといえます。このようなタイミングで報告することで、弁護士業務とは離れた事項で連絡することにはならず、適切な距離感を維持しつつ、連絡の頻度を上げることが可能となります。

また、弁護士から依頼者等に書面を送付する連絡文書では、定型書式を用意しておくことも効率化を図る上で有用です。依頼者宛送付用、相手方宛送付用の連絡文書等、場面によって使い分けをするとよいでしょう。また、連絡文書を送付する際の封筒は、窓付封筒を使用することで、都度宛名を記載する手間を省略することも可能になります。

調停や裁判等の期日を対応した場合には、**その都度期日報告書を作成・送付**するようにしましょう。

期日報告書の作成・送付をすることは、依頼者への説明義務を果たすとともに、弁護士業務過程の「見える化」にも資するものです。また、期日報告書を作成することで、弁護士にとっても、備忘メモの役割を果たすことになります。

次頁は期日報告書の参考例ですが、特に定型的な書式があるわけではありませんので、任意の書式を作成することでよいかと思います。

■期日報告書の参考例

令和●年●月●日

〒●
●県●市● １２３４
●　様

〒300-1234　茨城県牛久市中央５丁目20-11
牛久駅前ビル　501
弁護士法人長瀬総合法律事務所
TEL029-875-8180/FAX050-3730-0060
弁護士　長　瀬　佑　志

期 日 報 告 書

拝啓　時下ますますご健勝のこととお慶び申し上げます。
　●地方裁判所令和●年（ワ）第●号●事件についてご報告申し上げます。

裁判日時		令和●年●月●日（●）　１０：００～１０：３０
裁判回数		●回目
出席者		1.　原告訴訟代理人 2.　被告訴訟代理人 3.　●裁判官
期日 内容	原告	1.　令和●年●月●日付け第１準備書面　陳述 2.　甲第●号証 提出
	被告	1.　令和●年●月●日付け準備書面（２）　陳述
	裁判所	【争点整理】 1.　本件の争点は、①●、②●、の２点であることを確認した。 【次回期日までの準備事項】 2.　原告側は、●の点に関し、●月●日までに準備書面を提出する。 3.　被告側は、●の点に関し、●月●日までに準備書面を提出する。
次回期日		令和●年●月●日（●）　●時●分
備　考		【双方】●月●日までに準備書面を提出する。

敬具

4　スピードはクオリティに勝る

　サービスの良し悪しは、サービスの提供者ではなくサービスの受け手が評価する、と述べましたが、弁護士業務のように可視化しづらいサービスの場合には、サービスの評価はスピードがクオリティに勝る傾向があります。弁護士業務としての質の良し悪しというクオリティの評価は弁護士同士であっても判断に悩むケースもある一方、スピードの評価は容易です。

　法律相談を実施した案件の見通しに関する報告について、相談当日に概要をまとめた程度のレポートと、相談の1か月後に提示された詳細なレポートでは、どちらが依頼者の満足度が高いかといえば、後者になるでしょう。

　もちろん、不正確なアドバイスは許されませんが、弁護士が満足するまで詳細を検討するよりも、**依頼者が求める水準のクオリティで早期にアドバイスを提供**していくことも重要であることを認識しましょう。

　時間が経過すれば経過するほど、提出するレポートやアドバイスの品質に対する期待値は上がることになり、弁護士の負担は増すことになります。この点でも、できる限り早期にサービスを提供することは、弁護士にとっても負荷を軽減しつつ、依頼者の満足度を上げることにもつながります。

5　クオリティの水準

　弁護士のサービスのクオリティは評価が難しいと述べましたが、準備書面等の法律文書は様々な考慮を踏まえて作成されるものであり、その書面の良し悪しは弁護士同士であっても評価は容易ではありません。

　ですが、法律文書であっても、形式的な誤字・脱字や、分量等は、弁護士ではない一般人でも判別できることです。

　このように、一般人でも判別できる**誤字・脱字等については、特にミスがないようにしていく**ことを心がけましょう。

6　「できない理由説明」ではなく「できる提案」

　依頼者は、「結果」ではなく「過程」に不満を抱く傾向にあると述べ

ましたが、不利な結果が予想されるケースでは、依頼者自身もある程度はそれを理解していることも少なくありません。

　不利な結果が予想されるにもかかわらず依頼者が弁護士に代理対応等を依頼する場合、弁護士が単に「敗訴する可能性が高い」「依頼者の主張は認められない」という消極的な回答をするだけでは、依頼者の期待に応えたことにはなりません。

　依頼を受けた弁護士としては、「敗訴するとしても、このような反論をすることで敗訴時に支払う損害賠償金を軽減することが期待できる」「支払条件を巡って交渉してみる」等、**積極的に別のプランを提案する**ことで、依頼者の期待に応えることが可能となります。

　依頼案件を解決する方法は、88 頁以下で述べるように裁判以外にも様々な方法が考えられます。

　依頼を受けた弁護士としては、数多くある選択肢の中から、依頼者が思いついていない別の選択肢を提示することができないかを積極的に検討していきましょう。

2　「結果」に不満を抱かれないためのポイント

　依頼者の弁護士に対する苦情申立ての多くは「過程」にあると述べましたが、一方で「結果」に不満を抱かれることも想定しておかなければなりません。

　「結果」の見通しが厳しくとも、「結果」に不満を抱かれないために押さえていただきたいポイントを 5 つに整理しています。

1　「できないこと」と「できること」の峻別

　例えば、賃貸マンションの所有者が賃借人に対する退去請求を希望していても、賃料の滞納等の賃貸借契約解除事由がない場合には、退去請求は認められ難いという見通しになります。このように「結果」の見通しが厳しい場合、なおも所有者が退去請求をしたいと希望しているからといっても、自力救済を容認するようなアドバイスや代理対応を行うことはできません（戒告・「自由と正義」66 巻 7 号 106 頁、戒告・「自由

と正義」66巻9号98頁ほか）。

　あくまでも自力救済は「できないこと」であり、賃借人との間で退去に応じてもらうことができるよう任意交渉に努めるという**「できる」範囲で対応することを前提にアドバイス**をしていく必要があります。

　「結果」の見通しが厳しくとも、弁護士として「できないこと」と「できること」を峻別した上で、アドバイスや代理対応をしていかなければならないことを依頼者にはあらかじめ伝えておきましょう。

2　不利な案件での目標の再設定

　依頼者が敗訴する可能性が高いケースは少なからず存在します。

　もっとも、依頼者が敗訴するとしても、敗訴するまでの過程や、敗訴する内容の程度については、弁護士が代理対応をすることで一定程度は変えることが可能な場面もあります。

　例えば、残業代請求事件における使用者側での代理対応という場面では、労働者の長時間労働の実態があれば、ある程度の残業代を支払わざるを得ないということが予想されます。もっとも、最終的に残業代を支払わなければならないとしても、支払総額を減額したり、支払方法を一括払いではなく分割払いにしたりするなど、弁護士が代理対応をすることでメリットを創出できることもあります。

　敗訴する可能性が高い場合であっても、**弁護士が代理対応することでメリットを見出す**ことができないか、依頼者の目標を再設定することで、依頼者に案件への向き合い方を変えてもらうことも考えられます。

3　再設定した目標の「見える化」

　依頼者の目標を再設定する際には、具体的に何を目標とするのかをイメージしやすくするよう、「見える化」を意識しましょう。

　例えば、ホワイトボードに図示したり、メモランダム（覚え書き）を作成するなどしたりすることは、再設定した目標の「見える化」の一手法といえます。

4 「勘定」と「感情」の調整

「結果」の見通しが厳しい案件は、裁判となっても敗訴する可能性が高く、依頼者にとっては経済的負担が大きいことになります。また、依頼者が勝訴したとしても、被告に資力がないために回収可能性が立ちにくい事案もあります。

もっとも、このように経済的にはメリットが乏しい事案であっても、依頼者自身が対応する精神的負担を軽減したり、依頼者の納得を得たりするために裁判対応をすべき場合はあります。

依頼者にとって経済的メリットがあるかどうかという「勘定」と、依頼者の精神的負担を軽減する、感情的満足を得るというメリットがあるかどうかという「感情」を考慮し、どのような方針や解決がとり得るのかを提示していくことも、弁護士として求められる役割といえます。

5 「敗けた原因分析」から「再発防止のための提案」へ

依頼者が敗訴したとしても、敗訴する過程で見えた敗訴に至る原因を分析することは、次に同種の失敗の再発を防止することにもつながります。

例えば、依頼者が残業代請求を受けた使用者である場合には、未払残業代を払うことになったとしても、代理対応をする過程で実労働時間の管理に落ち度があったのか、固定残業代等の賃金体系の設定方法に問題があったのかを整理し、**次に同種の紛争が生じないようにどこを改善すべきなのかを提言**することで、労務管理の課題改善につなげていくことも考えられます。

3 「過程」と「結果」の満足度に影響する法律相談技術

1 法律相談の目的と流れ

受任案件の「過程」と「結果」の満足度を向上させるためには、法律相談における技術も意識する必要があります。

法律相談の技術を磨く前提として、法律相談の目的を整理すれば次のとおりです。

■法律相談の目的

① 事実関係の整理（証拠の有無・証拠の内容の検討も含む）
② 事実関係を踏まえた法的課題の整理
③ 法的課題の解決方法の提示
④ 法的課題の解決方法としての「弁護士への依頼」の提案

　法律相談で、相談者の抱える①法的課題に関する事実関係を整理した上で、②事実関係を踏まえた法的課題を整理し、③法的課題の解決方法を提示することが求められます。さらに、④法的課題の解決方法として、法的アドバイスのみでは足りず、弁護士が依頼を受けて対応したほうがよいかどうかの提案をする場面でもあります。

　限られた時間内で、初めて会う相談者から事情を整理しながら上記①～④を対応することは決して容易ではありません。

　初回の法律相談を担当する場合、当該法律相談事項を適切に解決するためにはどのような流れで進行させていくことが必要かを見極めることが求められます。弁護士は、初回の法律相談の時点である程度当該相談事項の全体像を把握した上で、相談者が希望する解決（ゴール）を設定し、ゴールに向けたフローチャートを設計する技術が必要となります。

2　法律相談の「型」の構築

　限られた時間内で、的確に前記①～④の法律相談の目的を実施するためには、法律相談の**「型」を構築しておく**ことが有用です。

　法律相談の時間が1時間であれば、あらかじめ以下のようなタイムスケジュールを念頭に法律相談を実施していくことが考えられます。

■1時間の場合のタイムスケジュールの例

① 20分：事実関係の整理
② 15分：事実関係を踏まえた法的課題の整理
③ 15分：法的課題の解決方法の提示

④　10分：法的課題の解決方法としての「弁護士への依頼」の提案

　この①〜④をテンポよく進行するためには、弁護士が主体的に法律相談を進めていく必要があります。

　主体的に法律相談を実施する上では、ホワイトボード等を利用して相談者の**相談内容や課題を可視化し、相談者と同時に共有していく**方法も有効です。

　ホワイトボード等に事実関係の整理を記載することで、相談者も記載されている内容に意識を向けることができ、話が脱線することを予防できます（ホワイトボードの例は本書21頁をご参照ください）。

3　「弁護士への依頼」を相談者に提案する

　最終的には相談者は法律相談における担当弁護士の良し悪しをみて依頼するかどうかを判断します。

　法律相談は、相談者にとっては法的課題を解決する場ですが、弁護士からみた場合には「弁護士に依頼する必要があるかどうか」を伝えるための相談者に対するプレゼンテーションの場でもあります。

　弁護士は、相談者が抱える悩みや問題意識を理解した上で、法的手段を通じてどのように相談者の悩みや問題意識の解決を図ることができるのかを伝えるとともに、解決のために**弁護士に依頼することの意義を相談者に理解してもらう**必要があります。

　法律相談の結果、法的課題の解決方法としての「弁護士への依頼」の提案をすることになりますが、この際の提案方法が受任率を大きく左右します。

■相談者への「弁護士への依頼」の提案例

【不適切な提案例】
「何がお困りですか」
「どのような方法をご希望ですか」

【適切な提案例】

「○○という点でお困りではありませんか」

「○○という方法がよいのではありませんか」

「○○という方法であれば、継続的な相談・サポートがよいのではないですか」

　よく見られる依頼の提案方法の失敗例として、弁護士から相談者に対し、「何がお困りですか」「どのような方法をご希望ですか」等と聞いてしまうパターンです。一見すると、相談者のニーズを伺っているようにも思われますが、そもそも相談者が自身の法的課題やその解決方法がわからずに弁護士に相談している以上、相談者から弁護士に法的課題やその解決方法を伝えてもらうことは困難です。

　逆に、弁護士から「○○という点でお困りではありませんか」「○○という方法がよいのではありませんか」「○○という方法であれば、継続的な相談・サポートがよいのではないですか」等と、**積極的に法的課題を踏まえた解決方法を提案**する伝え方をすることで、相談者も自身の法的課題の内容を明確にイメージできるとともに、「この法的課題を解決するためには弁護士に依頼をして特定の法的解決方法を選択する必要がある」ことを理解しやすくなります。

　依頼の提案時における話法という点ではありますが、オープンクエスチョンをして相談者側にすべて判断・選択してもらうのではなく、弁護士側から積極的に提案することを意識できているかどうかによって、相談者からすれば依頼をすべきかどうかの判断は変わっていきます。

　なお、法的アドバイスだけで解決できるのであれば、**「弁護士への依頼」を積極的に提案することは控えるべき**でしょう。弁護士に依頼せず、法的アドバイスのみで相談者の悩みや課題を解決できるのであれば、相談者にとっても、弁護士にとっても、無用な時間的・経済的コストをかけずに対応できたことになり、最善の対応策を提示できたことになります。

　相談者の望ましい結果を導くことができれば、少なくとも法律相談を担当した弁護士は、この相談者にとって記憶に残る存在になったといえます。

相談者にとって記憶に残る存在となれば、相談者が新たな法的課題に直面したときや、相談者の知人が法的課題に悩んでいるときに、再度の法律相談として問合せをしてくれることが期待できます。

弁護士として誠実に対応することが、依頼者の満足に繋がり、結果として選ばれる弁護士となるための近道でもあります。

4　OJT の重要性

法律相談は、弁護士が依頼を受けるための入口の手続でもある一方、本書34頁以下のとおり、限られた時間内で適切なアドバイスをするには高度な技術が求められます。

初回の法律相談の段階で、ある程度全体像を把握し適切なゴールを設定するとともに、ゴールに向けたフローチャートを設計するという法律相談の技術は、当該相談と類似する案件を受任し、解決することで磨かれていきます。

法律相談の技術が向上すれば、相談者から信頼を得て、より受任しやすくなり、受任案件の解決を通じてさらに法律相談の技術を向上させるというプラスの循環に至ることができます。

経験がない分野の相談であれば、まずは経験を有する諸先輩の弁護士と共同受任したり、復代理人等として案件に関与する機会を創出したりして、受任から解決までの経験を積み重ねるようにしましょう。

仮にわずか1件しか経験がないとしても、1件の経験数と0件では全く意味は異なります。相談者の大半は、そもそも初めての法的問題に直面してどう解決すればよいかわからずに悩んでいます。法的問題を初めて経験する相談者にとって、わずか**1件であっても類似の案件の経験を有する弁護士のアドバイスは、とても心強く感じる**ものです。

第2章

相談・受任における
トラブル回避術

1 相談者・依頼者との関係性の築き方

1 依頼者と良好な関係を築こう

弁護士にとって、依頼者との良好な関係を築くことは、受任案件の適切な解決のためにも大切です。

依頼者と良好な関係を築くことができなければ、弁護士としてのアドバイスを受け入れてもらえなかったり、弁護士費用の支払いに難色を示されたり、時には解決結果に対するクレームに発展したりすることも起こり得ます。

依頼者と良好な関係を築くことは、相談・依頼を受けた案件について詳細な事情を確認するためにも必要なプロセスになります。依頼者が相談を担当する弁護士のことを**信頼してくれることで初めて、相談・依頼した案件の背景事情等を話してくれる**こともあります。

中には、当初の相談時に聞いた話とは異なる事情や新たに出てくる事情があることによって、対応方針が変わってくることもあります。

債務整理のケースを例に挙げれば、債務が多額になってしまった原因として実際には浪費等があったにもかかわらず、当初は正直に話すことを躊躇して黙っていたものの、何度か法律相談を重ねるうちに担当弁護士を信頼して正直に話してくれるようになったりすることもあります。このような事情が判明すれば、個人破産ではなく個人再生を検討するなど、解決方針を変更しなければならないことも考えられます。

また、案件の解決にあたっては、必ずしも依頼者の要望どおりの結果には至らず、中には依頼者に相当程度の譲歩を求めることもあります。このような場面では、依頼者にとって受け入れ難い話をしなければなりませんが、依頼者との**信頼関係があれば依頼者が耳を傾けてくれる**ことが期待できます。

加えて、依頼者と良好な関係を築くことができれば、当該案件以外にも、依頼者の家族や友人などが法的トラブルで悩んでいる場合に、相談先として紹介してくれることが期待できます。

このように、依頼者と良好な関係を築くことは、トラブル回避だけでなく、受任案件の適切な解決や弁護士業務の新規案件を獲得する上でも重要なポイントといえます。

2 法律相談における質問力

依頼者と良好な信頼関係を構築するためには、33頁以下でも述べたように、適切な法律相談を実施することが肝要です。

限られた時間内で相談者の悩みに関連する事実を把握した上で法的見解を示すためには、以下の事項を確認することになります。

■法律相談での確認事項

①　相談者が希望する要求の見極め
②　相談事項に関連する事実の確認
③　②の事実を裏付ける証拠の有無及び内容の検討
④　相談者の要求を実現するための法的見解の検討

②相談事項に関する事実の確認の作業と④相談者の要求を実現するための法的見解の検討は、弁護士の思考の中では並行して進めます。

相談者から聞き取る事実関係によっては、とるべき法的見解が変わってくることもある一方、検討する法的見解によっては聞き取るべき事実関係も変わってくることもあります。

良い法律相談は、事案に応じた適切な質問を行うことで、当該案件を解決するための法的見解を検討する上で必要な事実関係を把握できるものです。

そして、適切な質問ができるかどうかは、法律相談を担当する弁護士の力量も反映されます。

交通事故相談の場合を例に挙げると、相談者Ａさんが自動車で通勤中に交通事故被害にあった場合の休業損害を検討する際に、Ａさんに対して弁護士として何を確認するべきかが問題となります。

　Ａさんの事故当時の仕事の内容だけを聞くにとどまることもあれば、稼働できなくなったことに伴う休業損害以外にも家事従事者としての休業損害を検討するために、家族構成や家事労働の内容までも聞くことも考えられます。

　さらにＡさんの休業損害の補償があるかどうかを検討するために、Ａさんの交通事故が通勤中に起きたものとして労働災害の利用ができるかどうかを聞くことも考えられます。

　相談事案は同じであっても、担当する弁護士によって何を聞くかが変わり、何を聞くかによって確認できる事実関係も変わり、その結果として法的解決の見通しも変わっていきます。

　法律相談は相談者にとってより良い解決を導くための入口であることを意識して臨みましょう。

3　法律相談の技法：「傾聴・受容・共感」

　弁護士が相談者から信頼を得るための法律相談の技術として、「傾聴・受容・共感」の３つのステップを踏むという方法があります。

　「傾聴」のステップでは、相談者の話をただ漫然と聞くのではなく、相談者の心情に配慮しながら、心を傾けて**まずは話を聴くことに集中**します。

　「受容」のステップでは、相談者の話を聴きながら、相談者の悩みや苦しみ、不安を受け入れていきます。「受容」の具体的な方法としては、相槌を打つ言い回しをあらかじめ決めておくことも有効です。相槌の仕方も、単に「ええ」「はい」という一言だけではなく、「そんなことがあったのですか」と、**より踏み込んだ印象を与えるような言葉を意識的に選**ぶことも考えられます。

　「共感」のステップでは、相談者の悩みや苦しみに共感を示していくことになります。このときも、単に「そうですか」などと言うのではな

く「それは大変でしたね」等と、相談を受ける**弁護士自身が感じた印象を踏まえた具体的な相槌を打つ**ことが考えられます。

　「傾聴・受容・共感」の３つのステップを踏むことで、法律相談の中で相談者と弁護士の関係性を構築し、より多くの事情を相談者側から話してくれることが期待できます。

　概して、人は、自分の話を聴いてくれた人の話は、耳を傾けてくれる傾向にあります。弁護士が相談者から必要な事実関係を確認するためにも、まずは質問する側の前提として、相談者の話に対し、真摯に聴いていく姿勢を意識すると良いでしょう。

4　限られた時間内で法律相談の成果を上げる

　限られた時間内で相談者の悩みに関連する事実を把握した上で法的見解を示すためには、何のために相談者から話を伺うのか、何のためにこの質問をするのかという目的意識を明確に設定して臨む必要があります。

　相談者の抱える悩みを解決するための法的見解を検討する上で、必要な事実関係を確認するという目的意識を持って相談者から話を聴いたり質問したりするのと、このような目的意識を持たずに漫然と話を聞くのとでは、法律相談のヒアリングの流れや時間設定にも差異が生じてしまいます。

　漫然と話を聞き、１件の相談に２時間以上かけたとしても、必ずしも法的見解を示すために必要な事実関係を確認できるとは限らない上、相談者の満足度も高まるとは限りません。

　限られた時間内で、相談者の抱える悩みを解決するために必要な事実関係を確認し、適切な法的見解を示すことができるようになるためにも、法律相談では一つひとつの言動に目的意識を持って臨みましょう。

5　見通しが厳しい場合こそ「傾聴・受容・共感」

　法律相談では、相談者から必要な事実関係を聴取するために、「傾聴・

受容・共感」という３つのステップが重要とはお伝えしましたが、**相談者におもねることや迎合することを推奨するものではありません。**

相談者の機嫌を取ろうとしたり、依頼を受けるために相談者に迎合したりすることは、相談者との長期的な信頼関係を考えた場合にはむしろマイナスな影響を及ぼすおそれがあります。

弁護士は、法律の専門家である以上、依頼者に対して厳しい見通しや、譲歩すべき場合があることを伝えなければならないこともあります。弁護士が依頼者に対しておもねたり迎合したりしていれば、このような厳しい見通し等を伝えることができず、かえって依頼者との信頼関係を損ねるほか、場合によっては依頼者に不利益を及ぼすことにもなりかねません。

相談者の希望する解決案が法的には難しい場合には「法的に実現することは難しい」という見通しを法律専門家として毅然と伝えなければなりません。

相談者からすれば、自分の希望を否定する見解は受け入れ難いことも考えられます。相談者の意に沿わない回答をする場合には、相談者の不満が法律相談を担当した弁護士に対する不満となって返ってくることもあり得ます。

ですが、見通しの厳しい場合こそ、法律専門家としては相談者に納得して聞いていただくよう、丁寧に伝える必要があります。弁護士からの厳しい見通しを相談者に受け入れてもらうためにも、**その前提として相談者の悩みを傾聴し、受容した上で共感を示す**ことで、相談者との信頼関係を構築しておくことが望ましいといえます。むしろ、相談者の意向に沿うことができない回答が予想されるときほど、「傾聴・受容・共感」のステップを踏まえておくべきといえます。

6　依頼を受ける際には必ずゴールを明確に設定する

依頼者は、弁護士に法律専門家として法的問題に対して適切な解決を導いてくれることを求めています。

この点を見誤り、相談者の悩みに対して必要以上に寄り添いすぎる姿

勢を示したりすることは、相談者が弁護士に対して求めていることと相違が生じてしまい、**お互いにミスマッチが生じてしまうこと**にもなりかねません。

　そして、弁護士と依頼者の間のミスマッチが生じないようにするためには、依頼を受ける際に必ずゴールを明確に設定する必要があります。

　もちろん、弁護士と依頼者の契約関係は委任契約ということであり、委任契約の性質上、弁護士は担当する業務の結果の約束をすることはできませんが、**何のために依頼を受け、弁護士として果たすべきゴールは何なのか**を、必ず設定しなければなりません。

　依頼を受ける時点でのゴールの設定が曖昧であったり、見通しを誤っていたりすると、依頼者と後日トラブルになるおそれがあります。

　弁護士が依頼者とトラブルになる原因の一つは、委任契約を締結する時点での弁護士に対する期待と、実際の対応過程や結果に齟齬が生じていることが挙げられます。言い換えれば、**依頼者の期待を下回った場合にトラブルに発展する**おそれがあるといえます。

　依頼を受ける時点で、依頼者の期待、すなわち今回の依頼におけるゴールを明確に設定するにはどうすればよいでしょうか。

　例えば、依頼者の主張を裏付ける証拠が不足している等の理由で依頼者の主張が認められる見通しが立ちにくいケースでは、率直に依頼者の主張は認められにくい旨を事前に伝えた上でも、依頼者がなおも弁護士に依頼したいという理由を確認しましょう。その上で、なおも弁護士に依頼したい理由が、依頼者自身が納得を得たいということや、裁判の過程で相手方の言い分や交渉時には判明しなかった事実関係を確認したいということであれば、依頼者の主張が認められるということ以外のゴールを設定することは可能といえます。

　これらの個別の**ゴールを依頼者と弁護士の間で明確に設定**した上で、このゴールを実現するために取るべき**プロセスをできる限り事前に共有**していくことで、依頼者の主張が認められなかったとしても依頼者と弁護士の信頼関係を維持しながら案件対応を進めていくことが可能となります。

7 受任後の依頼者への「報告・連絡・相談」

　「傾聴・受容・共感」の３つのステップは法律相談時に相談者との信頼関係を構築するために必要な方法ですが、継続的な相談や依頼案件を担当する際には、「報告・連絡・相談」というコミュニケーションのルールを徹底することが大切です。

　多くの依頼者は、これまでに弁護士に依頼したこともなければ、相談さえしたことがありません。

　弁護士に依頼した後、どのように手続が進んでいくのか、また裁判等の手続がどのように進んでいくのかのイメージができず、不安に思う方も少なくありません。

　もちろん、相談時や委任契約を締結する際に今後の進行予定や裁判等の手続の流れを説明することも考えられますが、この際の説明だけで理解できる方ばかりではありません。

　そこで、定期的に依頼者へ「報告・連絡・相談」をすることで、依頼者の不安を解消することが望ましいといえます。

　交渉や裁判等で進展があった場合には、その都度依頼者には報告をするように心がけましょう。例えば、相手方へ送付した内容証明郵便が到達したときや、相手方から資料が開示されたり回答書が送付されたりした場合には、その都度報告をすることが考えられます。

　また、**特に進展がなくとも、１か月に１回等、定期的に連絡をとる**ことも大切です。

　そして、証人尋問や和解など、裁判の大事な局面では、事前に打合せを行い、しっかりと依頼者と意見のすり合わせができるように相談しておくことも重要です。

　「報告・連絡・相談」という一連のコミュニケーションは、依頼者との信頼関係を維持し、さらに深めていくための大切な過程です。

　法律相談時における「傾聴・受容・共感」の３つのステップとともに、受任後の「報告・連絡・相談」の３つのコミュニケーションを実施することで、依頼者との信頼関係を構築・維持していくことを意識的に実践していきましょう。

8　依頼者に応じて複数の連絡方法を用意する

　一方で、依頼者と定期的に「報告・連絡・相談」を実施していくことは、多忙な弁護士にとっては容易ではないことも少なくありません。

　「報告・連絡・相談」の負担を軽減しつつ、確実にその効果を上げるためには、弁護士と依頼者の双方が使いやすい連絡方法を複数用意しておくことが望ましいといえます。

　依頼者の感情に配慮しながら連絡を取るのであれば電話や WEB 会議（Microsoft Teams、Zoom、Google Meet 等）という方法が考えられます。もっとも、これらの方法は、連絡を取るまでに日程調整を要するほか、終了時間が読みづらいために単なる事務連絡程度であれば他の連絡方法を試みたほうがよいといえます。

　期日の連絡や書類の送付等で済むことであれば、メールや LINE、チャットなどの積極的な活用をお勧めします。これらのツールであれば、単なる事務連絡であれば数分程度で報告が完了する上、報告した内容が記録に残るため、後日連絡をしたかどうかで疑義が生じないというメリットもあります。

　ただし、中にはメールや LINE、チャットを使用できないという依頼者もいます。このような場合には、FAX 送信や書類の郵送等による連絡方法も選択肢に入れましょう。

9　依頼者に連絡事項説明書を渡す

　弁護士としてはできる限り依頼者の力になりたいと考える方も当然いるかと思いますが、一方ですべての案件でいつでもすぐに相談の対応に応えることができるわけではありません。特に深夜早朝や定休日や祝日での対応は、現実的には困難でもあります。

　しかし、このような場合にも弁護士であれば対応してくれるのではないかという期待が依頼者側にある場合には、依頼者の期待に沿わないことになってしまうおそれがあります。

　そこで、あらかじめ委任契約を締結する際に、本書 49 頁に例示する「連

絡事項説明書」を渡すなどして、**弁護士と連絡を取ることができる時間帯等について注意事項を伝えておく**という方法も考えられます。

　このように依頼者に弁護士との連絡方法を事前に説明しておくことで、依頼者の期待に齟齬が生じないようにすることも有効です。

10　依頼者の意思確認は必ず実施し、記録に残す

　依頼者との「報告・連絡・相談」は、定期的に行うことも大切ですが、同時に「報告・連絡・相談」の内容を記録化していくことも大切です。

　特に、交渉から調停や訴訟提起等の他の法的手続に移行する場面や、相手方や裁判所に提出する書面の内容を確認する場面、和解の提案をする場面等は、依頼者の意向に基づいているかどうかが重要です。

　これらの場面で適宜依頼者の意向を確認するための「報告・連絡・相談」を実施したのであれば、**必ずその都度記録に残しておくようにしましょう**。

　後日、依頼者から「弁護士が十分に意向を確認せずに法的手続を選択した。書面を提出した」などと指摘されることがないようにするためにも、「報告・連絡・相談」の記録化は必要です。

　依頼者との信頼関係は常に良好であるよう維持していく必要がありますが、万が一依頼者との関係性が悪化してしまった場合にも、**弁護士の対応には落ち度がなかったと言えるように備えておきましょう**。

■依頼者の期待に齟齬が生じないよう、連絡事項説明書を渡しておく

連絡事項説明書

① 進捗状況等について、定期的に弁護士のほうからご連絡差し上げることは難しい場合がございます。ご不明な点がありましたら、ご遠慮なく事務所宛にお問合せください。お問合せのございました進捗状況等のご報告は、担当弁護士又は事務局からご連絡させていただきます。

② 弁護士は、土曜、日曜、祝祭日はお休みをいただいております。ご連絡につきましては、平日の営業時間帯（午前9時～午後5時）にお願いいたします。

③ 弁護士は、日中は裁判、打合せ等で外出していることが多く、ご連絡いただいた際のご返事が遅くなる場合がございます。なるべく一両日中にはご返事いたしますが、遅れてしまう場合があることをご了承ください。

④ お打合せをご希望の場合には、ご遠慮なくお申し付けください。日程を調整の上、お打合せを設定させていただきます。

⑤ 弁護士より書類をお送りさせていただく場合がございますが、その際、弁護士名入の封筒をご希望されない場合には、その旨お申し付けください。

⑥ ご住所、お電話番号等のご連絡先に変更がございましたら、お早めにご連絡ください。

2 トラブルを防ぐ 委任契約書の作り方

1 委任契約書の作成義務がある

　法律相談の結果、相談者から依頼を受けて委任契約を締結する場合には、委任契約書を作成することになります。弁護士が依頼者から受任する際には、原則として委任契約書の作成をしなければなりません（職務規程30条）。

　職務規程30条は、委任契約書の作成に関し以下のように規定しています。

　（委任契約書の作成）

第30条　弁護士は、事件を受任するに当たり、弁護士報酬に関する事項を含む委任契約書を作成しなければならない。ただし、委任契約書を作成することに困難な事由があるときは、その事由がやんだ後、これを作成する。

2　前項の規定にかかわらず、受任する事件が、法律相談、簡易な書面の作成又は顧問契約その他継続的な契約に基づくものであるときその他合理的な理由があるときは、委任契約書の作成を要しない。

　同条2項では、例外的に委任契約書の作成を不要とする場合について規定されていますが、弁護士の側で委任契約書の作成が不要となる合理的な理由を説明できなければなりません。

　なお、依頼者が弁護士と旧知の間柄であるという理由では、委任契約書の作成義務が免除されるわけではないことにご留意ください。

2　弁護士と依頼者との決め事を明文化する

　職務規程30条の趣旨は、受任の範囲や弁護士報酬等をめぐる依頼者とのトラブルを未然に防止するために極めて有効・有益であることから、例外的な場合を除き、委任契約書の作成義務がある旨を明確に規定することにあります。

　このように、委任契約書を作成することは、弁護士と依頼者の間の委任契約における決め事を明文化します。依頼者だけでなく弁護士にとっても委任契約書を作成することで、**何の依頼事項に対し、いつまでに、何をすべきか等の諸条件**を明確に設定し、受任の範囲や弁護士報酬の算定方法等を規定することが可能となります。

3　委任の範囲は明確にする

　委任契約書を作成するにあたっては、必ず委任の範囲を明確に規定しましょう。

　委任の範囲をどの程度明確に規定するかは職務規程でも具体的には求められていませんが、**事件単位ごとに設定することが望ましい**でしょう。

　例えば、離婚に関する案件を受任する場合、委任の範囲を単に「離婚事件」とだけしか記載しないと、本委任契約書で定めた委任の範囲は、協議離婚の代理活動だけでなく、離婚調停の代理活動や離婚訴訟の代理活動まで含めているのかどうかが曖昧になってしまいます。

　弁護士としてはあくまでも「協議離婚の代理活動にとどまる」と考えて弁護士費用を安価に設定したにもかかわらず、依頼者としては「協議離婚が成立しない場合にはこの費用で離婚調停や離婚訴訟の代理活動まで対応してくれる」と考えている場合には、委任の範囲や弁護士報酬をめぐって後日トラブルになるおそれがあります。このほかにも、婚姻費用分担請求調停や面会交流調停等についても、「離婚事件」という委任の範囲に含まれると依頼者側が考えることもあり得ます。

　このような事態を避けるためには、「委任の範囲」をこの例でいえば、「協議離婚（調停、訴訟等は含まない）」「婚姻費用分担請求調停事件」

等と、事件単位で区切ることとし、**1事件ごとに委任契約書を作成するとともに、弁護士報酬等も1事件ごとに設定する**ことが有効です。1事件ごとに委任契約書を作成することは煩雑に感じるかもしれませんが、その都度委任契約書を作成することで、弁護士と依頼者との間で委任の範囲に齟齬が生じることを防止できます。

　また、委任の範囲だけでなく、**委任の期間**についてあらかじめ規定しておくことも検討しておきましょう。前記の例でいえば、委任の範囲を協議離婚に限定するとしても、代理活動の対応期間を設定していなければ、協議が難航して具体的な進展がなくなったとしても、協議離婚が成立していない以上、代理活動は終了できないことになります。弁護士としての代理活動が継続しているということは、受任案件に対する善管注意義務も継続します。

　このように、弁護士は依頼を受けるにあたり、委任の範囲や委任の期間を明確に設定することで、過剰な代理活動の負担や、弁護士報酬をめぐる依頼者との認識の相違を防止することが期待できます。

4　弁護士報酬の算定例を記載する

　委任契約書の作成にあたっては、委任の範囲や委任の期間以外に、弁護士報酬に関しても記載しておく必要があります。

　委任契約は、原則として無償契約であり（民法648条1項）、特約がなければ依頼者には報酬を請求できません。

　職務規程30条でも、「弁護士報酬に関する事項」は委任契約書の内容に盛り込まなければならないことが明記されています。

　さらに、「弁護士の報酬に関する規程」では、委任契約書に記載すべき事項として、「受任する法律事務の表示及び範囲」「弁護士の報酬の種類、金額、算定方法及び支払時期」「委任契約が委任事務の終了に至るまで解除ができる旨並びに委任契約が中途で終了した場合の清算方法」を掲記すべきものとされています（報酬規程5条4項）。

　このように、弁護士は、受任するにあたり、依頼者に対して弁護士報酬等について適切な説明をするとともに、弁護士報酬等の算定方法等を

委任契約書に明記しなければなりません（報酬規程5条）。

　また、弁護士は、報酬に関する基準を自ら作成し事務所に備え置くほか（報酬規程3条）、依頼者から申し出があった場合には報酬見積書を作成し交付しなければなりません（報酬規程4条）。

　弁護士と依頼者の間では、特に弁護士報酬等をめぐってトラブルになることもありますので、お互いに認識の相違が生じないよう、弁護士は丁寧な説明と算定方法等の明記を心がけましょう。

　弁護士報酬の算定方法については、見積書を作成するほか、委任契約書の特約事項欄等に算定例を記載しておくことが考えられます。なお、弁護士報酬の算定例を記載する場合には、**1例だけでなく2例ほど掲載**しておくことで、具体的な算定方法を依頼者に伝えやすくなります（1例だけしか掲載しない場合には、「算定方法の考え方を誤解していた」などと依頼者から指摘されることもあり得ます）。

■弁護士報酬の算定方法の記載例

> 例1）300万円の請求が認められた場合の報酬金
>
> 　300万円×16％＝48万円（消費税別）
>
> 　ただし、訴訟による解決の場合には50万円が報酬金となる。
>
> 例2）400万円の請求が認められた場合の報酬金
>
> 　400万円×10％＋18万円＝58万円（消費税別）

5　案件に応じた特約を明記する

　委任の範囲や弁護士報酬等の算定方法以外にも、受任案件ごとに注意すべき事項は様々な場合があります。

　例えば、委任事項の対応にあたり、依頼者本人だけではなくその家族とも適宜情報を共有していくことが必要となる場合には、あらかじめ委任事項の進捗状況等を依頼者以外にも共有することを依頼者に説明しておく必要があります。なお、委任事項の進捗状況等も守秘義務の対象になり得ることから、このような共有が予想される場合は、依頼者から守

秘義務を免除してもらう旨を特約にあらかじめ追加しておくことが考えられます。

　このほかにも、弁護士から中途解約ができる条項や、弁護士費用が追加で発生する場合等について、あらかじめ規定しておくことなどもあり得ます。

　大切なことは、弁護士からみて案件対応にあたり重要と思われる事項は、口頭で説明するだけでなく、委任契約書にもあらかじめ明記しておき、依頼者との間で誤解が生じないように努めることです。

　依頼者も弁護士に依頼することが日常的に起こることではないために、不安に感じたり心配に思ったりすることも少なくありません。

　依頼者の不安を解消するためにも、委任契約書には想定できる事項はできる限り詳細に、記載するようにしていきましょう。

6　委任事項の見通しについても特約に明記する

　上記の特約事項のほか、依頼を受けた案件の見通しについても委任契約書に明記することが望ましい場合があります。

　弁護士は、事件を受任するに当たり、依頼者から得た情報に基づき、事件の見通し、処理の方針を適切に説明しなければなりません（職務規程29条1項）。また、弁護士は、事件について、依頼者に有利な結果となることを請け負い、又は保証してはならない（同条2項）ほか、依頼者の期待する結果が得られる見込がないにもかかわらずその見込みがあるかのように装って事件を受任してはなりません（同条3項）。

　もっとも、依頼者の主張が認められる見通しは厳しくとも、依頼者の要望もあり、受任を検討する場面もあり得ます。

　このように、厳しい見通しがありながら依頼を受ける場合には、想定されるリスク（消滅時効の援用により請求が否定される可能性が高い等）をあらかじめ委任契約書にも記載しておき、依頼を受けた案件の見通し等について依頼者に説明したことを確認するようにしておきましょう。

　次頁以降の参考例を参照しながら、61頁から委任契約書の具体的な留意点についてみていきます。

■委任契約書の参考例

委　任　契　約　書

　依頼者を甲とし、受任弁護士を乙として、甲と乙は次のとおり委任契約を締結する。

第1条　（事件等の表示と受任の範囲）
　　甲は乙に対し、次の事件等の処理を委任し、乙はこれを受任する。

　　1　事件等の表示
　　　　損害賠償請求
　　2　相手方
　　　　●
　　3　管轄裁判所等の表示
　　　　●
　　4　委任の範囲
　　　　示談交渉、書類作成、契約交渉
　　　　訴訟（第一審、控訴審、上告審、支払督促、少額訴訟、手形・小切手）
　　5　委任の期間
　　　　本契約締結日から●か月
　　　　委任期間を超過した場合には本委任契約は終了する。
　　　　甲が本委任契約の継続を希望する場合には、改めて委任契約の更新を協議する。

第2条　（弁護士報酬等）
　　甲は乙に対し、以下の各条項に定める弁護士報酬を支払うものとする（税別）。なお、振込手数料は甲の負担とする。また、報酬金請求時に消費税率が変動した場合には、変動後の消費税率に従って算定する。
　　1　（着手金と報酬金について）
　　　(1)　着手金とは、弁護士が依頼者の依頼に応じて事件処理に着手するため必要な金員をいう。
　　　(2)　報酬金とは、訴えて得た利益や訴えられた金額と実際に支払うことになった額との差額に基づいて算定する。これは、着手金とは別のもので事件終了後に受領する。
　　2　（経済的利益）
　　　(1)　着手金及び報酬金を算定する際の経済的利益は、本委任契約によって獲得した金額及び相手方の請求を減額した金額の合計で算定する。
　　　(2)　着手金および報酬金は、以下の基準で算定する。

経済的利益	着手金	報酬金
300万円以下	8%	16%
300万円～3000万円以下	5%＋9万円	10%＋18万円
3000万円超～3億円まで	3%＋69万円	6%＋138万円

3（弁護士報酬）

　甲及び乙は、本件事件等に関する弁護士報酬につき、以下のとおり合意した。

（1）着手金

　　●万円

（2）報酬金

　　経済的利益×16%

　　報酬金の支払時期は、本件事件等の処理が終了したときから1か月以内に一括払するものとする。

（3）調査手数料（医療照会、弁護士会照会等）

　　各金●円（ただし、相当の時間を要する等の事情がある場合には、別途協議して定める）。

（4）出廷日当

　　①1回●円

　　②出廷日当は、出廷の都度、1か月以内に別途精算する。

（5）出張日当

　　①往復2時間～4時間：●円／往復4時間超～7時間：●円／往復7時間超～：●円

　　②出張日当は、出張の都度、1か月以内に別途精算するものとする。

4（実費・預り金）

　甲及び乙は、本件事件等に関する実費等[1]の費用概算として、以下のとおり予納する。

　金　●　円

契約時　お支払合計　金●円（消費税込）

お支払期日　令和　　年　　月　　日　限り

【　お　振　込　先　】

金 融 機 関 名	●銀行　●支店
預 金 種 類	普 通 預 金
口 座 番 号	●
名 義 人	●

第3条 （委任事務の遂行方法）
1 乙は弁護士法、所属弁護士会規則その他適用法令及び規則に則り、誠実に本委任事務の遂行にあたるものとする。
2 担当弁護士は、必要に応じて、本委任事務の全部又は一部の遂行を、他の弁護士に行わせることができる。

第4条 （事件処理の中止等）
以下の場合、乙は事件等に着手せずまたはその処理を中止することができるとともに、本契約を解除することができる。
(1) 甲が弁護士報酬または実費等の支払いを遅滞したとき。
(2) 甲の住居が不明となった場合。
(3) 乙からの連絡にもかかわらず、2週間以上連絡が取れなくなった場合。
(4) 甲が独断で示談もしくは和解をした場合。
(5) 乙が求める書類その他の事項を提示または提出するよう請求した場合に甲が応じない場合。
(6) その他信頼関係が損なわれたと乙が判断した場合。

第5条 （中途解約の場合の弁護士報酬の処理）
委任契約に基づく事件等の処理が、解任、辞任または委任事務の継続不能により、中途で終了したときは、乙は甲と協議の上、委任事務処理の程度に応じて受領済みの弁護士報酬の全部もしくは一部を返還し、または弁護士報酬の全部もしくは一部を請求するものとする。

第6条 （弁護士業務の適正の確保）
1 甲は、委任事務の処理の依頼目的が犯罪収益移転に関わるものではないことを表明し保証する。
2 前項の内容の確認等のため、乙が甲に対し、本人特定事項の確認のための書類を提示または提出するよう請求した場合、甲はそれに応じなければならない。
3 甲は、前項により確認した本人特定事項に変更があった場合には、乙に対しその旨を通知する。
4 乙は、甲が本人確認書類の提示・交付その他必要な協力に応じない場合には、本委任契約を解除することができる。

---

[1]収入印紙代、郵便切手代、謄写料、交通通信費、その他本委任事務の処理に要する費用（以下「費用」という）を請求することができる。また、乙が外部の業者（法律事務所を含む。）を使用したときは、乙は、甲に、当該業者の費用を直接支払うことを求めることができる。

第7条（背信行為の禁止）
1　甲は、乙ら、本事件等の相手方、本事件等の関係者等に対し下記各号の背信行為・違法行為を行ってはならない。
　①　裁判例等に比して不当かつ実現可能性の著しく低い権利請求や義務の免除や回避を強く要請すること
　②　法的手続をもってしても困難な成果の獲得を強く要請すること
　③　違法行為の追認や隠ぺい等を要請すること
　④　自力救済行為の承諾を求め、または自力救済行為を要請すること
　⑤　プライバシーを侵害し、または侵害するおそれがある行為をすること
　⑥　公序良俗に反する内容の情報、文書または図形等を第三者に対して公開すること
　⑦　乙又は乙所属弁護士の名を冒用し文書等を作成すること
　⑧　社会的信用や名誉を毀損する言動や連絡、ＳＮＳでの発信や利用を行うこと
　⑨　セクシャルハラスメント行為、パワーハラスメント行為、名誉毀損、侮辱、窃盗、横領、暴行、傷害、脅迫、恐喝、強要等を行うこと
　⑩　生命、身体、財産もしくは信用を傷つけるおそれがある行為を行うこと
　⑪　その他、故意に法令違反等の信頼関係破壊行為をし、本事件等の処理を継続しがたいほどの重大な背信行為を行うこと
2　甲が、前項に違反した場合、乙は直ちに本事件等の処理を中止し、乙は本契約を解除することができる。

第8条（秘密保持）
　乙は、いかなる場合も、本委任事務に関して知ることとなった甲の秘密を保持するよう配慮をする。ただし、甲の同意がある場合、法律上開示が要求される場合、弁護士会及び各種団体のルールその他により開示が要求される場合はこの限りではない。

第9条（住所等の変更）
　甲は、住所地、連絡先（電話番号、メールアドレス等）を変更した場合、速やかに乙に通知することとする。

第10条（契約解除）
1　乙は、相手方が本契約の条項の一つに違反した場合において、書面ないし電磁的方法（メール、LINE等）による催告後相当期間内に当該違反状態が是正されないときは、相手方の帰責事由の有無にかかわらず、本契約を解除することができる。
2　前項に関わらず、乙は、相手方が、以下の各号のいずれかの事由に該当

する場合、相手方の帰責事由の有無にかかわらず、事前に通知又は催告することなく、本契約を解除することができる。

① 支払停止若しくは支払不能となり、又は破産手続開始、民事再生手続開始、会社更生手続開始、特別清算開始若しくはこれらに類する手続の開始の申立てがあった場合

② 自ら振出し若しくは引き受けた手形又は小切手が1通でも不渡りの処分を受けた場合

③ 差押え、仮差押え、仮処分、強制執行又は競売の申立てがあった場合

④ 租税公課の滞納処分を受けた場合

⑤ 金融機関から取引停止の処分を受けたとき

⑥ 財産状態が悪化し又は悪化するおそれがあると認められる相当の事由があるとき

⑦ 本契約に定める条項につき違反があったとき

⑧ 刑法上の犯罪行為、その他法令・公序良俗に反する行為が認められたとき

⑨ その他、本契約を継続し難い事由が生じたとき

⑩ 民法第542条第1項各号及び同条第2項各号に該当するとき

3 前項各号に該当した当事者は、相手方に対し負っている本契約に関する債務について期限の利益を失い、直ちに債務全額を一括して弁済しなければならない。

4 本条第1項及び第2項に基づく解除は、相手方に対する損害賠償請求権の行使を妨げない。

第11条（不可抗力）

1 天災地変その他乙の責に帰することができない事由により、本契約の目的を達することが不可能となった場合、本契約は当然に終了する。

2 前項により契約が終了する場合、これによって甲又は乙が被った損害について、各相手方はその責を負わない。

第12条（名称の表示）

甲は、乙に法律事務を委任していることを対外的に表示するときは、事前に乙の同意を得るものとする。

第13条（特約）

本委任契約につき、甲及び乙は次のとおりの特約に合意した。

(1) 委任期間又は合計対応時間を超過した場合には本委任契約は終了する。

(2) 甲が本委任契約の継続を希望する場合には、改めて委任契約の更新を協議する。

(3) 請求額が確定した段階で追加着手金が発生する場合がある。

(4) 調停や訴訟等、他の法的手続に移行する場合には改めて委任契約を締結する。

(5) 他の法的手続に移行する場合には、追加着手金が発生する。

(6) 弁護士報酬の算定例は以下のとおりである（税別）。

例1）300万円の請求が認められた場合の報酬金

300万円×16%＝48万円（消費税別）

ただし、訴訟による解決の場合には50万円が報酬金となる。

例2）400万円の請求が認められた場合の報酬金

400万円×10%＋18万円＝58万円（消費税別）

---

(7) 主張の対立が続いた場合、訴訟等の手続に移行することがあり得ることを説明し、了解したことを相互に確認する。

(8) 乙は、本委任事務の遂行にあたり、甲の親族、保険会社、及び●に委任事務の遂行において知り得た事項を共有することがあることをあらかじめ甲に説明し、甲もこれに同意したことを相互に確認する。

(9) 乙は、甲に対し、必ずしも甲の請求がすべて認められるとは限らないことを説明し、甲もこれを了解したことを相互に確認する。

(10) 別紙契約時説明書の内容について、甲も了解したことを相互に確認する。

(11) ●

甲及び乙は、本委任契約の合意内容を十分理解したことを相互に確認する。

令和　　年　　月　　日

依頼者（甲）

住　所　_____

氏　名　_____　㊞

受任弁護士（乙）

弁　護　士　　長　瀬　佑　志

7 委任契約書の条項に関する解説

1 第1条（事件等の表示と受任の範囲）

委任の範囲及び委任の期間等を規定する条項です。

前記のとおり、委任の範囲及び委任の期間等を設定することで、弁護士がどこまで委任事項の対応をする必要があるのかを明確に区分することが可能となります。また、弁護士が本委任契約書で対応する範囲が限定されることで、別事件の依頼を受ける際に別途弁護士費用等を設定することも可能となります。

2 第2条（弁護士報酬等）

弁護士報酬及び実費等の各費用の算定方法を規定する条項です。

弁護士報酬のうち、着手金は委任契約書を作成する時点で具体的に決定することが可能ですが、報酬金は解決した内容によって変動することもあります。報酬金が解決した内容によって変動する場合には、どのような計算式で算定することになるのか、具体的な計算式を規定しておくようにしましょう。報酬金の算定方法については、特約事項に具体的な算定例を複数記載しておくことも有用です。

また、調査費用や出廷日当、出張日当を設定する場合には、各費用の算定方法も別途規定しておきましょう。

3 第3条（委任事務の遂行方法）

弁護士が依頼を受けた後に委任事務を遂行するにあたり、法令等を遵守することを注意的に規定したものです。

また、弁護士が復代理人の選任を予定している場合には、復代理人の選任が可能である旨を規定しています。

4 第4条（事件処理の中止等）

弁護士が委任契約を途中で中止又は解除できる場合を定めたものです。

弁護士費用等を支払っていただけない場合等には委任事項を継続できない旨をあらかじめ規定しておき、不測の事態に備えておきましょう。

5 第5条（中途解約の場合の弁護士報酬の処理）

委任契約が中途解約に至った場合の弁護士報酬の扱いを定めたものです。

6 第6条（弁護士業務の適正の確保）

委任事務の処理の依頼目的が犯罪収益移転に関わるものではないことに関する依頼者の表明保証を定めるものです。

7 第7条（背信行為の禁止）

依頼者に対し、弁護士及び相手方等に対し、信頼関係を損なうような行為をしないよう求めることができる旨を定めたものです。

8 第8条（秘密保持）

弁護士は守秘義務を負っていますが、依頼者との関係で守秘義務を負う旨を確認するために規定したものです。

9 第9条（住所等の変更）

依頼者の連絡先に変更があった場合には、速やかに弁護士に通知する旨を規定したものです。

10 第10条（契約解除）

委任契約を解除できる事由を定めたものです。

11 第11条（不可抗力）

不可抗力事由が発生した場合に委任契約が当然に終了するとともに、相手方に対して損害賠償責任を負わない旨を定めたものです。

12 第12条（名称の表示）

依頼者が弁護士に依頼している旨を無断で表示してはならないことを定めたものです。

13 第13条（特約）

　委任契約の締結にあたり、一般的な条項以外にも規定しておく必要がある事項を別途追記したものとなります。

　参考例（59〜60頁）では、委任の範囲を明確にするために他の法的手続に移行する場合には別途契約を締結する必要があることや、弁護士報酬の算定例を複数記載すること、依頼者以外にも情報共有する必要があることから守秘義務が解除される対象があること、委任事項について結果の保証ができないこと等を特約事項として追記しています。

　このほかにも、特に注意しておくべき事項があればその都度追記することが考えられます。

3 相談・受任の懲戒事例に学ぶトラブル回避

1 依頼者との信頼関係を維持するために

　依頼者との信頼関係に深刻な亀裂が生じた場合には、弁護士に対する懲戒請求に発展するおそれもあります。

　弁護士に求められる職業倫理は非常に高度なものであり、様々な倫理規範や行為規範を遵守する必要があります。そして、持続的かつ安定的に業務遂行するためには、懲戒を受けることがないように自律しなければなりません。

　以下では、懲戒制度の概要を紹介した上で過去の懲戒事例を法律業務の過程に沿って分類し、それぞれの場面における留意点を解説します。

2 懲戒制度の概要

1 懲戒制度の沿革

　弁護士法は弁護士名簿の登録事務を日本弁護士連合会（以下、日弁連という）の所管とし、弁護士又は弁護士法人に対する懲戒処分は弁護士会及び日弁連が行うこととするなど、弁護士自治を実現しています。

　懲戒処分は、弁護士会及び日弁連に付与された公の権能に基づいてなされる広義の行政処分となります。

　懲戒された弁護士等が、行政不服審査法に基づく審査請求をすることができ（弁護士法59条）、裁決取消請求訴訟を提起することができる（同法61条）とされているのは、その現れとされています（「弁護士白書」155頁）。

2　懲戒を受ける場合

弁護士が懲戒処分を受ける場合は、以下のように規定されています（弁護士法 56 条 1 項）。

> ①　弁護士法に違反したとき
> ②　所属弁護士会若しくは日本弁護士連合会の会則に違反した場合
> ③　所属弁護士会の秩序又は信用を害した場合
> ④　その他職務の内外を問わずその品位を失うべき非行があつたとき

①弁護士法違反

弁護士法の中で弁護士の義務を規定した 20 条から 30 条まで（23 条の 2 を除く）及び 73 条の違反が主たるものとなります。

②会則違反

弁護士会及び日弁連がそれぞれ 33 条、46 条に基づいて制定した会則に違反したことをいいます。

③所属弁護士会の秩序・信用の侵害

当該弁護士の行動が、所属弁護士会の対内関係における秩序を乱し、対外関係における信用を毀損したことをいいます。所属弁護士会の秩序・信用を害した結果、品位を失うべき非行とされることがあり、その場合は両者が懲戒の事由として掲げられています。

④品位を失うべき非行

品位を失うべき非行は、一般的条項であって、一義的に説明することは困難とされています。もっとも、職務の内外を問わないから、私生活上の非行も含まれることになります。

3　懲戒手続の流れ

懲戒手続の流れは、次頁のフローチャートのようになります（日弁連ＨＰ「懲戒手続の流れ」）。

■懲戒手続の流れ

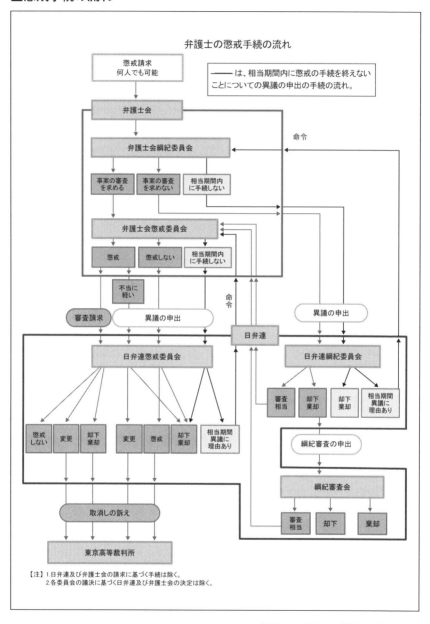

弁護士の懲戒手続の流れ

懲戒請求
何人でも可能

—— は、相当期間内に懲戒の手続を終えない
ことについての異議の申出の手続の流れ。

弁護士会

弁護士会綱紀委員会

命令

事案の審査を求める ／ 事案の審査を求めない ／ 相当期間内に手続しない

弁護士会懲戒委員会

懲戒 ／ 懲戒しない ／ 相当期間内に手続しない

不当に軽い

審査請求 ／ 異議の申出 ／ 命令 ／ 異議の申出

日弁連

日弁連懲戒委員会 ／ 日弁連綱紀委員会

審査相当 ／ 却下棄却 ／ 却下棄却 ／ 相当期間異議に理由あり

懲戒しない ／ 変更 ／ 却下棄却 ／ 変更 ／ 懲戒 ／ 却下棄却 ／ 相当期間異議に理由あり

綱紀審査の申出

取消しの訴え

綱紀審査会

審査相当 ／ 却下 ／ 棄却

東京高等裁判所

【注】 1.日弁連及び弁護士会の請求に基づく手続は除く。
2.各委員会の議決に基づく日弁連及び弁護士会の決定は除く。

（出典：日弁連HP「懲戒手続の流れ」）

①懲戒請求

　何人も、弁護士等に懲戒の事由があると思料するときは、所属弁護士会に懲戒することを求めることが可能です（弁護士法58条1項）。

　「何人も」懲戒請求が可能とされているため（同項）、依頼者だけでなく、相手方、その代理人その他の利害関係人、裁判所、検察庁、所属弁護士会に限られません（一般人でも可能です）。

　したがって、懲戒請求を受けるかどうかを検討する場合には、依頼者や相手方だけを考慮すれば足りる、というわけではありません。

　また、懲戒請求を取り下げることも可能ですが、懲戒請求の取下げや懲戒請求者の死亡によって懲戒手続が終了するわけではありません。

②綱紀委員会による調査

　弁護士会は、懲戒請求があったときは、懲戒の手続に付し、綱紀委員会に事案の調査をさせなければなりません（弁護士法58条2項）。弁護士会自らが弁護士等に懲戒の事由があると思料するときも同様です（同項）。綱紀委員会は事案を調査し、懲戒委員会に事案の審査を求めることが相当かどうかを判断します。

③懲戒委員会による審査

　弁護士会は、綱紀委員会が懲戒委員会に事案の審査を求めることを相当と認める議決をしたときは、懲戒委員会に事案の審査を求めなければなりません（弁護士法58条3項）。日弁連の綱紀委員会又は綱紀審査会が原弁護士会の懲戒委員会に事案の審査を求めることを相当とする議決をし、日弁連が事案を原弁護士会に送付したときも同様です（同法64条の2第2項、3項、64条の4第1項から3項まで）。懲戒委員会が懲戒することを相当と認め、一定の懲戒処分を議決したときは、弁護士会は弁護士等を懲戒しなければなりません（同法58条5項）。

④異議の申出等

　懲戒請求者は、ア）弁護士会の綱紀委員会が弁護士等につき懲戒委員会に事案の審査を求めないことを相当とする議決をし、弁護士会が弁護士等を懲戒しない旨の決定をした場合、イ）弁護士会の懲戒委員会が弁護士等につき懲戒しないことを相当とする議決をし、弁護士会が弁護士等を懲戒しない旨の決定をした場合、ウ）弁護士会が相当の期間内に懲

戒の手続を終えない場合、エ）弁護士会がした懲戒処分が不当に軽いと思料する場合には、日弁連に異議の申出をすることができます（弁護士法64条1項）。申出の期間は3か月以内です（同条2項）。

　さらに、上記①の場合で、日弁連の綱紀委員会が異議の申出を却下し、又は棄却する議決をし、日弁連がその旨の決定をした場合（64条の2第5項）には、日弁連の綱紀審査会による綱紀審査を申し出ることができます（64条の3第1項）。申出の期間は30日以内です（同条2項）。

　なお、前述ア）の場合の異議の申出は、日弁連の綱紀委員会が審査し（64条の2第1項）、前述イ）、エ）の場合の異議の申出は日弁連の懲戒委員会が審査します（64条の5第1項。前述ウ）についても同様に分けられています）。

⑤官報等による公告

　弁護士会又は日弁連によって懲戒処分がされたときは、官報のほか、機関雑誌「自由と正義」に掲載して公告されることになります（弁護士法64条の6第3項、会則68条）。

4　懲戒の種類

　弁護士又は弁護士法人に対する懲戒処分は、①戒告、②2年以内の業務の停止、③退会命令、④除名の4種類が規定されています（弁護士法57条）。

（懲戒の種類）
① 　戒告
② 　2年以内の業務の停止
③ 　退会命令
④ 　除名

---

①戒告

　戒告とは、対象弁護士等に対し、その非行の責任を確認させ反省を求め、再び過ちのないよう戒める懲戒処分であり、懲戒処分の中で最も軽い処分とされます。戒告は、対象弁護士の弁護士資格や身分に影響しま

せん。

②業務停止

　業務停止とは、対象弁護士等に一定期間業務を行うことを禁止するものです。退会命令や除名と異なり、業務停止では弁護士資格や弁護士たる身分を失うものではありませんが、処分の告知を受けたときから、単に当該停止期間中の一切の弁護士業務を行ってはならない不作為義務を負うだけでなく、停止期間中は、一時的に弁護士の業務を行いうる資格を停止されるものと解されます（日本弁護士連合会調査室編著『条解弁護士法［第5版］』（弘文堂、2019年）461頁参照）。

　なお、業務停止処分を受けた弁護士が上記義務に違反し弁護士としての職務を行ったときは、それ自体が新たな懲戒事由となり、その訴訟行為も違法となります。

　業務停止期間中は、以下の措置を講じなければなりません（「被懲戒弁護士の業務停止期間中における業務規制等について弁護士会及び日本弁護士連合会の採るべき措置に関する基準」（（平成4年1月17日理事会議決））。

　なお、業務停止1か月以内の業務停止であれば委任契約の解除をしなくともよい場合があり得るため、業務停止期間が1か月以内かどうかの影響は少なくありません。

■業務停止中に採るべき措置

　ア　受任事件の解除

・直ちに依頼者との委任契約を解除するとともに、継続する裁判所等への辞任の手続を執らなければならない。

・業務停止の期間が1か月以内であって、依頼者が委任契約の継続を求めてその旨を記載した確認書を作成し、その写しを弁護士会等に提出する場合は、被懲戒弁護士は、依頼者との委任契約を解除しないことができる。ただし、被懲戒弁護士が依頼者に対して委任契約の継続を求める働きかけをした場合は、この限りでない。委任契約を継続するときは、被懲戒弁護士は、委任契約の継続確

認後直ちに、その係属する裁判所等に対し処分を受けたこと及び業務停止の期間を通知しなければならない。

・被懲戒弁護士は、解除した委任契約が債務整理事件であるときは、債権者に対し、依頼者との委任契約を解除したことを連絡するものとし、和解が成立した債権者に対する弁済代行については、依頼者に対し、被懲戒弁護士が弁済代行を行うことができない旨及び債権者への送金先を通知しなければならない。ただし、支払期限が処分の効力が発生した日から10日以内の場合は、弁済代行を行うことができる。

イ　顧問契約の解除

ウ　期日変更申請等の禁止

エ　預り金の受領禁止

オ　依頼者等への引継ぎ

カ　弁護士報酬の相殺禁止

キ　復代理人の選任等・監督等の禁止

ク　法律事務所の管理行為等（賃貸借契約、雇用契約の継続は可能）

ケ　法律事務所の使用禁止（使用目的等の届出、承認を得て例外的に使用可能）

コ　法律事務所表示の除去（業務停止の期間中であること及びその期間を弁護士会の指示する方法で表示することで除去に代えることができる）

サ　広告の除去

シ　名刺等の使用禁止

ス　弁護士記章及び身分証明書の返還

セ　会務活動の禁止

ソ　公職等の辞任

タ　弁理士、税理士等の業務の禁止

チ　戸籍謄本等職務上請求用紙の返還（ただし業務停止の期間が1か月以内である場合にはこの限りではない）

ツ　弁護士会等との連絡の維持、指導及び監督の遵守

テ　弁護士会の定める規制の遵守

③退会命令

　退会命令は、対象弁護士をその所属弁護士会から一方的に退会させる処分です。この懲戒処分を告知された弁護士は、特に執行停止の決定を得ない限り、告知の日よりその所属弁護士会から当然退会し、弁護士の身分を失うことになります。

④除名

　除名は、対象弁護士の弁護士たる身分を一方的に奪う処分であり、懲戒処分の中で最も重いものとなります。この懲戒処分を受けた弁護士は、特に効力停止の決定を得ない限り、告知の日から３年間弁護士となる資格を失うこととなります。この３年間、弁護士としての再登録請求をすることは許されません。

5　懲戒請求事案件数の推移

　なお、懲戒請求及び懲戒処分件数の推移に関する統計数は、以下のとおりです。

■懲戒請求・懲戒処分の件数

表１：懲戒請求事案処理の内訳（弁護士会）

年	新受	既			済			懲戒しない	終了	懲戒審査開始件数
		懲　戒			処　　分					
		戒告	業務停止		大会命令	除名	計			
			1年未満	1〜2年						
2013	3343	61	26	3	6	2	98	4432	33	177
2014	2348	55	31	6	3	6	101	2060	37	182
2015	2681	59	27	3	5	3	97	2191	54	186
2016	3480	60	43	4	3	3	114	2872	49	191
2017	2860	68	22	9	4	3	106	2347	42	211
2018	12684	45	35	4	1	3	88	3633	21	172
2019	4299	62	25	0	7	1	95	11009	38	208
2020	2254	61	28	7	8	3	107	4931	22	142
2021	2554	63	27	6	6	2	104	2281	38	176
2022	3076	62	27	5	6	2	102	3145	51	196

（出典：日弁連ＨＰ「2022年懲戒請求事案集計報告」）

　この統計数によると、懲戒処分件数は、常に100件前後で推移しているということができます。

3 懲戒事例の分類と対策

懲戒処分事案は一定の件数がある以上、常に適切な弁護活動を心がけ、懲戒処分の対象とならないように留意する必要があります。

以下では、実際の懲戒事例を題材に、法律業務を受任してから終了するまでの時系列に沿って、場面ごとの懲戒対策について整理しています。

■懲戒処分の8パターン

【受任段階】
①　受任方法型
②　利益相反関係型
③　非弁提携型

【業務遂行段階】
④　事件処理遅滞型
⑤　調査不足・技能不足型
⑥　相手方への過剰対応型
⑦　違法行為関与型

【業務終了段階】
⑧　弁護士報酬型

4 受任方法型

1 留意点

①　受任案件の見通しを明確にする
②　依頼者の意思確認に留意する

職務規程22条は、「委任の趣旨に関する依頼者の意思を尊重して職務を行うものとする」と定め、依頼者の意思確認を求めています。

　依頼者の意思確認が問題となった事例では、**依頼者本人との面談を怠った事例や、説明義務が問題となった事例**が挙げられます。

2　懲戒事例①

【処分の理由の要旨】

　被懲戒者は、懲戒請求者から損害賠償請求訴訟を受任する際、実際には半額以下の金額での和解による解決を見込みながら、懲戒請求者に対して、十分な説明を行わず、事件処理の方針として損害額は7億円から8億円、勝訴の見込みは7割から8割とする旨記載した見積書を交付した。

【処分の内容】

戒告

出典：「自由と正義」66巻1号113頁

　懲戒事例①は、勝訴の可能性が低いにもかかわらず受任して提訴したこと等が、懲戒事由に該当すると判断されています。

　一般論として、弁護士の業務は委任契約であり、結果の保証ができる性質のものではありません。勝訴の可能性が低いにもかかわらずあたかも勝訴の可能性が高いかのように依頼者に伝えること自体問題であり、勝訴の見込みの確率を伝えることはさらに問題視されるおそれがあります。

　最終的に依頼するかどうかは依頼者の判断に委ねる必要がありますが、その際に**弁護士から積極的に依頼するよう促すことは控えることが望ましい**といえます。

　なお、弁護士が依頼者に迎合したり、安易に結果を保証するかのような勧誘をしたりして受任した場合、本来弁護士が依頼者を諫めるべき場面等であっても、依頼者に物を言うことが難しくなってしまい、適切な

業務の遂行が困難になるおそれがあります。

　弁護士が担当する法律業務を適正に遂行するためには、弁護士と依頼者との間で信頼関係を構築し、お互いに協力しながら対応する必要があります。

　弁護士と依頼者が対等な関係で信頼関係を構築するためにも、案件の見通しが厳しい場合こそできる限り事前に伝えて理解してもらい、納得した上で依頼をしてもらうように努めましょう。依頼者が自由意思に基づいて依頼したことを明確にするために、**委任状や委任契約書等を書面で取り交わす**ことのほか、依頼するかどうか一定の**検討期間を依頼者側に設定する**こともよいでしょう。

3　懲戒事例②

【処分の理由の要旨】

　被懲戒者は、懲戒請求者の母及び祖父から、懲戒請求者の兄の死亡事故に関して、亡兄の勤務先及びその役員であった懲戒請求者の父に対する損害賠償請求事件を受任したところ、祖父が懲戒請求者の名義を冒用した訴訟委任状の筆跡を確認せず、懲戒請求の意思確認を怠り、その意思に反して、懲戒請求者を原告の一人として上記事件について訴訟を提起した。

【処分の内容】
戒告

出典：「自由と正義」70巻8号69頁

　懲戒事例②は、依頼者本人の意思を確認する必要があるにもかかわらず、これを怠ったために懲戒処分を受けたというものです。

　懲戒事例②では、懲戒請求者の母及び祖父から依頼を受けたという事情があり、懲戒請求者の親族を介していたことから、懲戒請求者の母又は祖父が懲戒請求者の意思確認もしていたものと誤信してしまったかと思われます。

依頼者本人が高齢であったり、遠隔地に居住していたりする場合には、連絡窓口が依頼者本人ではなく、その家族等、第三者ということはあり得ます。もっともこのような事情があったとしても、弁護士に依頼するかどうかは、**依頼者本人の意向を確認**しなければなりません。

　面談、電話等による意思確認等、依頼者本人の意思確認を行う機会を設けなければ、依頼者の真意に基づいて委任契約を締結したとはいえないおそれがあります。

　特に依頼者の親族や知人の紹介で依頼を受ける場合には、委任契約を締結する際の意思確認は必ず行いましょう。

5　利益相反関係型

1　留意点

> ①　法律相談・委任契約終了後も当事者と距離を保つ
> ②　法人関係案件時の利益相反の範囲に留意する

　弁護士は、利益相反する事件について職務を行ってはならないと規定されています（弁護士法25条、職務規程27条・28条）。

　利益相反関係にある案件を対応してはならない理由として、①当事者の利益の保護、②弁護士の職務執行の公正の確保、③弁護士の品位の保持、が挙げられます。

　案件を受任したいがあまり、利益相反の判断を誤れば、依頼者の信頼を裏切ることになる上、弁護士自身も懲戒処分の対象となるおそれがあります。

2　懲戒事例①

【処分の理由の要旨】
　被懲戒者は、被相続人の相続人である懲戒請求者A、B及びCから依頼を受けて遺産分割協議書を作成して交付した。その後、被懲

戒者は、上記遺産分割協議書の作成にあたって問題となった未登記不動産の取扱いについてAないしC間で再度紛争が生じたため、B及びCの代理人として懲戒請求者Aを相手方とする遺産分割調停の申立てを行った。

【処分の内容】
戒告

　懲戒事例①では、対立する複数の当事者から法律相談を受けていた後に、一方当事者の案件を受任したということが問題とされています。

　このように複数の当事者から法律相談を受けた場合、法律相談を受けた時点では利害の対立が顕在化していなかったとしても**その後一方当事者から案件を受任した段階で、利害の対立が顕在化**するということも少なくありません。後日利害の対立が発生することが予想されるような遺産分割事件や、不貞関係が疑われる慰謝料・離婚請求事件等については、法律相談に複数当事者がまとめて来ること自体、慎重に検討する必要があります。

　法律相談や委任契約が終了した後であっても、**当該案件の当事者とは、距離を保っておくことが無難**といえます。仮に新たに寄せられた相談内容が、以前に担当した法律相談や委任契約とは関係のない案件だったとしても、以前に担当した際に知り得た事実が関係する場合があり得ます（例えば、前件を担当した際に把握した当事者の家族関係や病歴等が、別件の交通事故事案や離婚事案等で関連する可能性がある場合等）。このような事案では、弁護士に対する信頼関係という観点から見て、新たに寄せられた相談を担当することが、守秘義務との関係で問題がないといえるかどうかは、慎重に検討する必要があります。

3　懲戒事例②

【処分の理由の要旨】

被懲戒者は、株式会社の顧問弁護士及び監査役でありながら、懲戒請求者が提起した同社の代表取締役を被告とする株主代表訴訟において、上記代表取締役から同事件を受任し、同事件の判決が確定するまでの間、代表取締役の代理人として訴訟活動をした。

【処分の内容】
戒告

出典：「自由と正義」63 巻 4 号 129 頁

　懲戒事例②のように、弁護士が会社の顧問弁護士ないし監査役に就任した場合、当該会社内部で代表取締役と他の取締役ないしは株主との間で紛争が発生したとき、顧問弁護士として会社全体の利益を図る立場にある上、監査役として**代表取締役の職務執行を監査する立場**にある以上、当該代表取締役の代理人になることは利益相反にあたることになります。

　法人関係案件時には、会社との利益相反というだけではなく、株主や役員、従業員など、会社の構成員との関係でも利益相反関係がないといえるかどうかを検討する必要があります。

6　非弁提携型

1　留意点

① 　提携の名目ではなく実態に注意する
② 　事務所内部と外部を峻別する

　弁護士 27 条は同法 72 条〜 74 条の規定に違反する者から事件の周旋を受け、又はこれらの者に自己の名義を利用させてはならない旨を規定しています。

　職務規程 11 条も、弁護士法 27 条の趣旨をそのまま取り入れています。

　非弁提携が問題となる事例は数多く、また懲戒処分も重い傾向にあり

ます。弁護士は自営業としての性質もあるため、「依頼を受けたい」と考えて、「良い条件の提案に応じたい」という誘惑に駆られることもあるかもしれませんが、くれぐれも慎重に対応しなければなりません。

2　懲戒事例

【処分の理由の要旨】
1．被懲戒者は、事務員を通じ、弁護士及び弁護士法人ではないＡ社らと提携し、毎年2000万円を超える費用をＡ社らへの接待及び謝礼に充てることと引換えに債務整理事件の顧客の紹介を受けた。
2．被懲戒者は、2か月の業務停止期間中に税理士業務を行った。

【処分の内容】
業務停止6月

出典：「自由と正義」66巻1号114頁

　弁護士が案件を受任する契機の一つとして、相談者や依頼者を紹介されることが挙げられます。

　すべての紹介案件が非弁提携に該当するわけではありませんが、紹介先が相談者や依頼者から紹介料等を受領したり、弁護士から紹介の見返りとして金員を受領したりする場合には、相談者や依頼者に不利益を転嫁し、非弁提携に該当することが考えられます。

　もっとも、非弁提携を持ちかけてくる紹介者が「非弁提携をしましょう」などと明言するとは限りません。紹介手数料を「広告費」名目等に代えることもありますが、**提携の名目ではなく実態に着目**する必要があります。

　また、紹介者がコンサルタントや事務員等の名目で**事務所内部に入り込もうとする場合**にも注意しましょう。紹介者が事務所内部にまで出入りするようになってくれば、事務所の経営にまで関与するようになるおそれがあります。

事務所内部と外部の峻別は徹底し、非弁提携を排除することに努めましょう。

7　事件処理遅滞型

1　留意点

> ①　直ちに着手する
> ②　虚偽の報告はしない
> ③　事務員の監督を怠らない

職務規程 35 条は「弁護士は、事件を受任したときは、速やかに着手し、遅滞なく処理しなければならない」と定めています。受任者が負う善管注意義務（民法 644 条）に基づく弁護士の基本的な義務の一つとされます。

2　懲戒事例

> 【処分の理由の要旨】
> 　被懲戒者は、懲戒請求者と遺産分割調停の申立てに関する打合せを行い、懲戒請求者から上記調停申立てに関する委任状の交付を受けたにもかかわらず、その後 3 年半余りにわたり、漫然と上記調停申立てに関する事務処理を放置し続けた。
> 　被懲戒者は、懲戒請求者からの上記調停申立ての進捗状況に関する問合せに対し、裁判所で手続きを進めている、遺産分割協議が終了したなどの虚偽の回答をした。
>
> 【処分の内容】
> 戒告
>
> 出典：「自由と正義」70 巻 5 号 62 頁

懲戒事例は、委任事務を放置・遅滞していただけではなく、その後に虚偽の報告をしたということが問題とされています。

実務上、懲戒処分の中でも**特に多い類型**が、**事件処理遅滞型**となります。

事件処理遅滞型に陥らないようにするためには、直ちに着手することが肝要です。依頼者のクレームの多くは「結果」よりも「過程」にあります。依頼者のクレームを軽減するためにも、案件対応に着手することを最優先とした上で、報告・連絡・相談の過程を実施していきましょう。

また、事件処理が遅滞したとしても、虚偽の報告は決して犯してはなりません。委任事務の放置・遅滞はいわば「過失犯」ですが、虚偽の報告は「故意犯」にあたるものであり、問題をより深刻化させることにほかなりません。

事件処理を遅滞させないためには、案件対応を事務員任せにしないことも注意しましょう。弁護士には**事務員の監督責任**があります。事務員に案件対応を任せていたために事件処理が遅滞したということは弁解になりません。

8 調査不足・技能不足型

1 留意点

① 未経験分野の依頼は慎重に検討する
② 対応可能な状況かどうかを見極める

依頼者に対する善管注意義務（民法 644 条）を負う以上、受任案件への対応には一定の水準を満たすことが求められます。

2 懲戒事例

【処分の理由の要旨】
　被懲戒者は、懲戒請求者らから、その亡父に係る社会福祉法人等

を相手方とする医療過誤による損害賠償請求事件を受任したが、受任内容について十分に説明せず、委任契約書を作成しなかった。

　また、被懲戒者は、合理的な理由がないにもかかわらず、示談交渉の申入れや調停の申立て等を数ヶ月にわたって行わなかったほか、定期的な報告を怠った上、懲戒請求者らから医療過誤事件に精通した他の弁護士の紹介や共同受任を求められたにもかかわらずこれらの対応を怠ったことに加え、専門家医師等に相談して因果関係に関する医学的知見について聴取する等必要な調査及び検討をしなかった。

【処分の内容】
戒告

出典：「自由と正義」66 巻 2 号 91 頁

　懲戒事例では必要な事実関係の調査確認や医学調査対応を怠ったことが問題とされています。

　調査不足・技能不足型の懲戒に陥らないようにするためには、未経験・高難易度の分野の依頼は特に慎重に検討する必要があります。未経験・高難易度の分野の場合、一人で調べて対応しようとしても、経験が不足しているために適切な弁護活動を提供することが困難で、つい処理が後回しになったり、停滞したりするおそれがあります。未経験・高難易度の分野を担当するのであれば、経験豊富な弁護士と相談できる関係を構築することも検討しましょう。

　また、相談案件について対応できるだけの所内体制があるかどうかも見極めが必要です。リサーチ等に相当の時間を要する見込みがある一方、十分なリサーチ等を行うだけの時間や人員を確保できないのであれば、安易に依頼を受けるべきではないこともあります。

9 相手方への過剰対応型

1 留意点

> ① 依頼者の過剰な要求は断る
> ② 書面の表現は控えめにする

職務規程6条では、「名誉を重んじ、信用を維持するとともに、廉潔を保持し、常に品位を高めるよう努める。」と規定されています。

依頼者の権利擁護のために感情移入してしまう場面もあるかもしれませんが、弁護士が感情的に行動してしまうことは、かえって紛争を大きくしてしまいかねません。

2 懲戒事例

【処分の理由の要旨】

被懲戒者は、懲戒請求者を相手方とする訴訟手続において、訴訟代理人として提出した準備書面等で、訴訟行為との関連性も訴訟行為遂行の必要性も認められないにもかかわらず、懲戒請求者の名誉を著しく毀損する表現を用い、また、その代理人弁護士らが証人に偽証教唆を行ったと断言する表現を用い、さらに具体的な根拠も示さずただ単に代理人弁護士の人格をおとしめる表現を用いた。

また、被懲戒者は、上記証人らの証言に対してその訴訟手続において十分な弾劾活動をしないまま、一方的な謝罪等の要求やこれに応じない場合には訴訟を提起すると予告する書面を証人らに対し送付した。

【処分の内容】
戒告

出典：「自由と正義」72巻3号81頁

懲戒事例では、準備書面等における表現が問題とされています。

　このほかにも、相手方にも代理人弁護士が選任されていながら、相手方代理人を無視して、直接相手方本人への通知書を送付したことが問題とされて、懲戒処分となった事例もあります。

　相手方への過剰対応型が問題となる背景には、依頼者の過剰な要求を抑えることができていないことも考えられます。相手方への過剰対応型に陥らないようにするためには、**依頼者の過剰な要求は断る**ことも必要です。依頼を受ける前に、どこまでが対応できるのかを説明するとともに、委任契約書の特約事項欄に記載することも検討しましょう。

　また、依頼者の代理人として準備書面等を作成しているとはいえ、違法行為や不相当な行為が許されるわけではありません。あくまでも書面の表現は節度を保って控えめにしましょう。私たち弁護士が果たすべき役割は、紛争の解決であって、紛争を発生・拡大させることではありません。準備書面等の過剰な表現は、有害的記載事項にはなり得ても、**紛争解決のための有益的記載事項にはなりません**。相手方（場合によっては裁判所）を刺激することではなく、案件を適切に解決することを目指して対応していくことを心がけましょう。

10　違法行為関与型

1　留意点

> ①　依頼者の過剰な要求は断る
> ②　自ら違法行為をしない
> ③　自力救済を促さない

　職務規程14条は、弁護士が「詐欺的取引、暴力その他違法若しくは不正な行為を助長し、又はこれらの行為を利用してはらない。」と規定しています。

　弁護士が依頼者のために代理対応をするとしても、違法行為に加担することが許されないことは言うまでもありません。

2 懲戒事例

【処分の理由の要旨】

被懲戒者は、Ａ社の顧問弁護士だったが、Ａ社から、子会社であるＢ社が、懲戒請求者が代表を務めるＣ社に対して割賦販売し、後に契約を解除して返還を求めていた漁網の回収について相談を受けた。被懲戒者は、Ａ社の従業員が予告なくＣ社の管理地へ無断で立ち入って、管理地内の漁網の回収作業をするのに同行し、Ａ社の別の従業員が海上においてＣ社が所有するロープを切断するなどして漁網を回収するにあたり、中止するよう指示できたのに指示せず、Ａ社の自力救済行為に加担した。

【処分の内容】
業務停止３月

出典：「自由と正義」67巻9号92頁

懲戒事例では、自力救済に加担したことが問題とされています。

違法行為関与型が問題となるケースでも、背景には依頼者の過剰な要求を抑えることができていないことが考えられます。弁護士として、依頼者の過剰な要求は明確に断る姿勢を示しましょう。

また、当然ですが、代理人弁護士が自ら違法行為を犯してはなりません。

さらに、代理人弁護士として、依頼者本人による自力救済を促すようなことはしてはなりません。仮に、相談者や依頼者が自力救済を行おうとする場合には、代理人弁護士として、その**リスクを説明した上で、自力救済を犯すことのないように努める**必要があります。

11 弁護士報酬型

1 留意点

① 弁護士報酬算定根拠を明記する
② 弁護士報酬が高額すぎないか留意する

職務規程 30 条に規定されるように、弁護士は事件を受任するにあたり、弁護士報酬に関する事項を含む委任契約書を作成しなければなりません。

もっとも、委任契約書を作成すれば無制約で報酬を設定できるわけではなく、「弁護士は、経済的利益、事案の難易、時間及び労力その他の事情に照らして、適切かつ妥当な弁護士報酬を提示しなければならない。」旨が規定されています（職務規程 24 条）。

過大な報酬請求は懲戒の対象となることにご留意ください。

2 懲戒事例

【処分の理由の要旨】
1. 被懲戒者は、A 及び B から、A ら名義の預金口座からの過去の不明な払戻金に関する調査の依頼を受け、銀行等に対する弁護士会照会の申出を行っていたが、そのうち 8 件については、同一の銀行に対する A の預金口座に関し、照会理由がほぼ同一であり、1 件の照会申出として行うことが十分可能で、所属弁護士会からその旨の指摘と補正依頼があったにもかかわらず、その補正を拒否し、合理的な理由なくあえて 8 件とし、1 件で処理すれば A らの負担は合計 5 万 9000 円で済んだところ、実費及び弁護士報酬として合計 47 万 2000 円を受領した。また、被懲戒者は、戸籍謄本等計 4 件の職務上請求に関して、その報酬として合計 21 万 6000 円を受領した。
2. 被懲戒者は、依頼者である B から 1000 万円を借り受けた。

３．被懲戒者は過去に高額すぎる報酬を得たとして業務停止１月の
　　懲戒処分を受けたこと等も考慮する。

【処分の内容】
業務停止２月

出典：「自由と正義」67巻7号90頁

　依頼者との間で弁護士報酬をめぐってトラブルとならないようにする
ためには、弁護士報酬の算定根拠を明記した委任契約書を必ず作成する
にしましょう。また委任契約書内には、具体的な弁護士報酬の算定例を
明記しておくべきです。例えば、「解決金額が300万円の場合、報酬金は、
解決金額の16％として48万円となる。」という記載です。
　また、弁護士報酬が高額すぎる場合にも懲戒事由に該当するおそれが
あります。弁護士報酬を設定する際には、旧日本弁護士連合会弁護士報
酬基準や、実際に要した時間や労力、経済的利益等が判断基準になると
する事例もあります。

第3章

解決段階における
トラブル回避術

1 解決方針の提示と選択

1 紛争解決方法を選択する際に起こり得るトラブル

　民事事件は、紛争を解決するために様々な解決方法を選択することが可能です。

　例えば、貸主側からの依頼で貸金の返還請求の代理対応をする場合、借主に対して訴訟を提起して回収を図る方法もあれば、示談交渉による解決を図る方法もあります。

　また、いずれの解決方法を選択することが適切かは、当事者の関係性やこれまでの紛争の経緯、またお金を貸してから現在までどの程度の時間が経過しているか等によっても異なります。

　例えば、貸主としては迅速に解決することを優先しており「一括返済でなくとも分割払いでも構わない」と考えているのであれば、訴訟よりも示談交渉による解決を選択したほうが望ましいといえます。

　一方、借主側の返済能力や返済意思に疑義があり、示談交渉を提案しても任意の返済が期待できなかったり、資産を隠してしまったりするおそれがある場合には、**示談交渉を経ずに仮差押え**を行い、財産の保全を図ったほうがよい場合もあります。

　また、お金を貸してから相当程度の時間が経過しており、消滅時効の完成が迫っているのであれば、**早急に消滅時効の完成猶予や更新のための措置を講じる必要**があります。万が一、依頼を受けたにもかかわらず漫然と対応して消滅時効の完成に至ってしまった場合には、懲戒事由にもなってしまいます。

　このように、民事事件では様々な解決方法がある中で、**事案に応じた適切な解決方法を選択することがトラブルの回避にもつながります**。

2 紛争解決方法の全体像

前記のとおり、民事事件には複数の解決方法がありますが、裁判外手続と裁判手続に大別した上で、以下のように分類できます。

なお、以下の分類は主な解決方法としての分類であり、個別の案件によってはこの他の解決方法も考えられます（労働事件における社内通報制度の利用や、労働組合・ユニオンによる団体交渉等）。

相談案件に応じた適切な解決方法を選択するために、各解決方法のメリット・デメリットを見ていきましょう。

■解決方法の選択

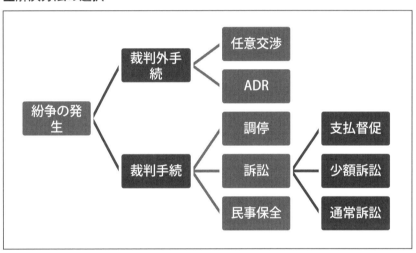

3 各解決方法の提示とメリット・デメリット

以下では、各解決方法のメリット・デメリットを詳述します。

■各解決方法のメリット・デメリット

解決方法	メリット	デメリット
任意交渉	☐ 柔軟な解決が可能 ☐ 早期解決が可能 ☐ 費用がかからない	☐ 合意がなければ成立しない ☐ 第三者機関の仲介がない
ADR	☐ 第三者機関の仲介がある ☐ 利用料を要しない手続もある	☐ 調停と比較して第三者が積極的に解決案を提案するとは限らない ☐ 合意がなければ成立しない
調停	☐ 第三者機関の仲介がある ☐ 訴訟ほど時間的・経済的負担はない	☐ 交渉よりも時間的・経済的負担がある ☐ 合意がなければ成立しない
支払督促	☐ 書面審査のみ ☐ 訴訟費用が通常訴訟より低額	☐ 裁判管轄が相手方の住所地を基準となる ☐ 異議申立てをされると通常訴訟に移行する
少額訴訟	☐ 原則として1回の期日で終了する	☐ 60万円以下の金銭の支払いを求める場合に限られる ☐ 分割払い、支払猶予、遅延損害金免除の判決がされることがある
通常訴訟	☐ 終局的な解決が可能 ☐ 当事者の合意は不要	☐ 時間的・経済的負担が大きい ☐ 柔軟な解決は困難
民事保全	☐ 資産・権利状態の保全が可能 ☐ 訴訟よりも迅速な解決が期待できる ☐ 仮差押決定によって交渉を有利に進めることが期待できる	☐ 担保金の予納が必要 ☐ 損害賠償請求されるリスク

1　任意交渉

　任意交渉とは、当事者間で係争案件について直接交渉を行う裁判外手続です。

<u>メリット</u>

・**任意交渉は特に方法や時期に制限はありません。**口頭で交渉する方法もあれば、対面での交渉もあり得るほか、通知書を送付する方法もあり得ます。通知書の送付方法も、普通郵便だけでなく、配達証明付で送付することや、内容証明郵便として送付するほか、FAX送信やメー

ル、チャット等の電磁的方法によることも考えられます。**交渉方法だけでなく、解決内容も当事者間が任意に設定することができる**ため、柔軟性のある解決を図ることが可能です。

・当事者間で合意が成立すれば簡易迅速に紛争を解決できることが期待できます。

・ADR や裁判手続と異なり、第三者機関を利用することもないため、特に費用を要しません。

デメリット

・**当事者間での合意が必要**になるため、相手方が合意に応じなければ解決はできません。

・第三者機関の仲介や判断の提示がないため、**合意内容の妥当性には疑問が残るおそれ**があります。

2　ADR

ADR（Alternative Dispute Resolution）とは、裁判に代わる代替的紛争解決手段の総称です。ADR は、示談交渉と訴訟の中間に位置する手続といえます。

メリット

・**第三者機関による仲介がある**ことから、第三者による当事者の説得や判断の提示により、示談交渉よりも当事者の納得を得やすくなります。

・ADR の利用料を要しない手続もあります。

・**訴訟ほど厳密な主張立証を求められない傾向**にあるため、訴訟と比較して経済的・時間的負担を要しません。

デメリット

・第三者機関を利用するため、ADR の種類によっては申立費用を要したり、ADR 手続に参加するための時間的負担が発生したりすることがあります。

・ADR はあくまでも和解による解決を志向するものであり、**当事者双方の合意がなければ成立しない**ため、終局的な紛争解決は期待できません。

・調停と比較して、第三者が積極的に解決案を提案するとは限りません。

3　調停

　調停とは、当事者間の紛争に第三者が介入することによって、紛争の解決を図ることをいいます。調停には、簡易裁判所（当事者間の合意で、ときには地方裁判所によることもあります（民事調停法3条））による民事調停と、家庭裁判所による家事調停の2種類があります。家事事件や借地借家法による賃料増減額請求事件等、一定の類型の事件には調停前置主義が適用されます。

メリット

・ADR同様、**第三者機関による仲介がある**ことから、第三者による当事者の説得や判断の提示により、示談交渉よりも当事者の納得を得やすくなります。
・ADR同様、**訴訟ほど厳密な主張立証を求められない傾向**にあるため、訴訟と比較して経済的・時間的負担を要しません。

デメリット

・第三者機関を利用するため、**申立費用を要する**ほか、調停期日に対応するための時間的負担が発生します。
・調停はあくまでも和解による解決を志向するものであり、**当事者双方の合意がなければ成立しない**ため、終局的な紛争解決は期待しにくいといえます。ただし、**調停から審判に移行する場合には、裁判所の判断による解決が期待**できます。

4　支払督促

　支払督促とは、金銭、有価証券、その他の代替物の給付に係る請求について、債権者の申立てにより、その主張から請求に理由があると認められる場合に、支払督促を発する手続をいいます。

メリット

・債務者が支払督促を受け取ってから2週間以内に異議の申立てをしなければ、裁判所は、債権者の申立てにより、支払督促に仮執行宣言を付さなければならず、債権者はこれに基づいて強制執行の申立てをすることができます。**支払督促では、裁判所の簡易な書面審査のみで強制執行も可能となる**ため、簡易迅速な手続といえます。

・**支払督促に要する手数料は、通常訴訟の半額**で済むため、訴訟費用を低額で済ませることが可能です。

デメリット

・支払督促は、**相手方の住所地を管轄する簡易裁判所**に申立てを起こさなければなりません。

・債務者が**支払督促に対して異議を申し立てた場合には、通常訴訟へ移行する**ことになります。債務者から異議が出されることが予想されるケースでは、支払督促を選択しても、かえって余計な時間と費用の負担が生じることになります。前記のとおり、裁判管轄は相手方の住所地を管轄する裁判所になるため、遠方の債務者に対する支払督促で異議が出されると、債権者側が遠方の裁判所まで出廷する負担を負うことになります。

5　少額訴訟

　少額訴訟とは、民事訴訟のうち、60万円以下の金銭の支払いを求める訴えについて、原則として1回の審理で紛争解決を図る手続です。

メリット

　1回の期日で審理を終えて判決をすることを原則とするため、迅速に結論を得ることが期待できます。

デメリット

・少額訴訟は、60万円以下の金銭の支払いを求める場合にしか利用することができません。

・債権者（原告）の言い分が認められる場合でも、分割払い、支払猶予、遅延損害金免除の判決がされることがあります。

6　通常訴訟

　通常訴訟とは、個人の間の法的な紛争、主として財産権に関する紛争の解決を求める訴訟をいいます。

メリット

・訴訟は、**当事者間の合意がなくとも、裁判所の判断によって終局的な解決を図ることが可能**です。なお、相手方と合意に至ることが期待で

きない場合や、相手方からの回答に時間を要する場合には、訴訟を選択したほうがかえって早期の解決が期待できることもあります。

デメリット

・訴訟は、裁判所に対し、**当事者が主張する事実を「証明」するに足りるだけの主張・立証が求められる**ため、任意交渉等、他の手続に比べて時間的負担が大きいといえます。加えて、訴訟を提起する場合には、印紙代や予納郵券等の裁判費用を要することになりますが、請求金額（訴額）に比例して印紙代も高額となるため、経済的負担も考慮しなければなりません。

・裁判所の判断は、原則として「請求の趣旨」の内容に沿います。訴訟であっても当事者間の合意が成立すれば、裁判上の和解によって柔軟な解決を図ることは可能ですが、**裁判所の判断（判決）による解決の場合には、「請求の趣旨」の内容に沿ったものにとどまります。**

7 民事保全

　民事保全とは、民事訴訟の本案の権利の実現を保全するために行う仮差押えや仮処分の裁判上の手続をいいます。

　将来の訴訟を予定した付随的な手続ですが、訴え提起前に申立てが可能である上（密行性）、申立てには厳格な証明まで要求されず（「疎明」で足りる）、迅速に手続を進めることができます。

　仮差押えが認められることによって、債務者の預貯金等の財産を差し押さえることが可能となり、早期の債権回収を実現することも期待できる、強力な解決方法の一つになります。

メリット

・民事保全の大きなメリットは、**訴え提起前に、相手方の資産を保全したり、権利状態を保全したりすることができる**ことにあります。例えば、相手方がたびたび支払期日の延期を申し入れたり、分割払いを申し入れたりするなど、相手方の資力に不安があり、契約書記載のとおり売買代金等が支払われるか疑わしい場合、民事保全を利用して相手方の預金を動かすことができないよう仮差押えを行うことで、相手方も諦めて任意の支払いに応じることが期待できます。また、他の債権

者に先んじて仮差押えを行うことで、少なくとも差し押さえた債権相当額については優先して回収することが期待できます。

- 民事保全は、**訴訟とは異なり、具体的事実の主張は「疎明」で足ります**。「疎明」とは、「証明」よりも立証の程度が弱くても足りるとされ、一応確からしいとの推測を裁判官が得た状態にすれば足ります。民事保全の場合、訴訟よりも厳密な主張・立証は求められないため、訴訟の場合よりも証拠収集の負担は少なく済みます。

- **無審尋事件の場合には、相手方（債務者）の反論の機会がなく、仮差押決定を受ける**ことになります。仮差押決定を出してもらうことで、申立人側は、有利な状況で相手方との交渉を進めることが期待できます。

デメリット

- 民事保全は、相手方に反論の機会が与えられないまま進めることも可能な手続であり、債権回収等にも有力な手続である反面、**不当な民事保全であると後日判断された場合には、相手方が不当な民事保全によって被った損害を補償しなければならない**とされています。相手方が被る可能性がある損害を担保するために、民事保全を利用する場合には、申立時に相当額の担保金を納付することが要求されます。担保金の金額は事案によって異なりますが、貸金や売買代金等の請求事案において、預金債権を差し押さえる場合には、**被保全債権額の 10 ～ 30%程度**とされています。

- 民事保全は、相手方の業務に深刻な影響を及ぼすことも少なくありません。債権回収のために相手方の預金債権を仮差押えした場合、相手方は差押えされた預金で他の債務を支払うことができなくなってしまいます。こうなると、資金繰りへの影響が出る上、仮差押えをされるということは資金調達が悪化しているか、法的リスクを抱えていると考えられ、金融機関からの信用を失うことにもなりかねません。民事保全に正当な理由が認められれば、相手方がかかる不利益を被ることはやむを得ないとはいえ、民事保全に正当な理由が認められない場合には、不当な民事保全を申し立てたことに対する損害賠償責任を負うことになります。**安易に民事保全を申し立てた結果、申立人側が損害賠償責任を負うリスク**があります。

2　交渉時の留意点

1　交渉において起こり得るトラブル

　任意交渉は、当事者間で係争案件について直接交渉を行う裁判外手続であり、特に方法や時期に制限はありません。

　方法や時期に制限がないことから、任意交渉は自由度が高く、事案に応じて適切な方法等を選択することができれば早期の解決も期待できます。

　例えば、弁護士が相手方と直接面談を行い、紛争解決に向けた協議を行い、その場で合意書の作成や締結に至ることができれば、紛争の早期解決を実現することも可能です。

　一方、早期解決を優先するあまり、相手方を威圧するような交渉を行ってしまうと、**懲戒事由にも該当するおそれ**があります。

　不貞慰謝料請求の事案において、探偵と共同して不貞相手をファミリーレストランに移動させた後に、高額な慰謝料を支払う旨の合意書を締結させるなどしたという事案では、弁護士法 56 条 1 項の弁護士としての品位を失うべき非行に該当するとして、業務停止 1 か月の処分が下されています（「自由と正義」69 巻 12 号 62 頁）。

　任意交渉は自由度が高い反面、対応方針を見誤ればかえって紛争を深刻化させたり、**弁護士もトラブルに巻き込まれるおそれ**があります。

2　示談交渉の流れ

　示談交渉は、一般的には①受任通知、②相手方との交渉、③合意書の締結という流れで進行します。

　合意書の締結の際には、執行力まで付与したい場合には公正証書を作

96

成することもあります。

　受任通知書の送付後、相手方と交渉したものの、当事者間の交渉では解決の目処が立たない場合には、他の手続（ADR、調停、訴訟等）を検討することになります。

　以下では、示談交渉に関する注意点について解説します。

3　各交渉方法の特徴

　示談交渉は、当事者間の交渉によって、簡易迅速に紛争を解決することが期待できる手続になります。

　もっとも、示談交渉は、裁判所等、第三者が仲介しない手続であり、進行方向やそのタイミングは事案に応じて様々です。示談交渉の方法は、以下のとおりです。

■示談交渉の主な方法

---

① 　面談
② 　電話
③ 　WEB 会議
④ 　メール（その他電磁的方法）
⑤ 　ＦＡＸ
⑥ 　普通郵便
⑦ 　内容証明郵便

1　交渉方法の選択基準

　上記の7つの方法のうち、いずれの方法が最適かは、当事者の関係性や連絡の内容、交渉時期等によって異なります。各交渉方法のメリット・デメリットを整理すれば、次のとおりです。

■各交渉方法のメリット・デメリット

方法	メリット	デメリット
面談	☐ 意思を明確に伝えることが可能 ☐ 相手方の真意を把握しやすい	☐ 面談の機会を設定すること自体避けられるおそれ ☐ 交渉内容の記録化の困難さ ☐ 当事者の関係性によってはスムーズな交渉ができない
電話	☐ 迅速な連絡が可能 ☐ 柔軟な話し合いが可能	☐ 交渉内容の記録化の困難さ ☐ 電話連絡をとることの事前調整が必要 ☐ 録音されている可能性がある
WEB会議	☐ ネット環境があれば、いつでも、どこからでも参加が可能 ☐ ファイル共有等が容易 ☐ 多くの関係者を容易に会議に招待できる	☐ 技術的なトラブルが発生する可能性 ☐ 会議内容が録画等により漏洩するおそれ
メール	☐ 時間や場所を問わずに連絡が可能 ☐ 送信費用がかからない ☐ 大量のデータ送信が可能 ☐ 記録化が可能 ☐ 警戒心を解きやすい	☐ 記録化を警戒され柔軟な話し合いが困難 ☐ 趣旨が誤解されるおそれ
FAX	☐ 時間を問わずに連絡が可能 ☐ 送信費用が低額 ☐ 記録化が可能	☐ 記録化を警戒され柔軟な話し合いが困難 ☐ 趣旨が誤解されるおそれ ☐ 大量の資料の送信には不向き
普通郵便	☐ 郵送費用がかからない(配達証明・内容証明郵便との比較) ☐ 大量の資料を送付することが可能	☐ 配達記録が残らない ☐ 迅速な到達は期待できない
内容証明郵便	☐ 送付した通知書の内容も証明可能 ☐ 相手方に与える心理的影響が大きい(これはデメリットにもなり得る)	☐ 郵送費用がかかる(普通郵便・配達証明郵便との比較) ☐ 資料を同封することができない

2 面談

メリット

・面談では、当事者双方の表情や反応等、非言語的な情報を伝えること

98

ができ、当事者双方の意思を明確に伝えることが期待できます。文書やメール等では、非言語的な情報をやり取りすることは困難です。当事者間の紛争の背景に感情的な諍いがある場合（被害弁償や家事事件における親族間紛争、労働紛争等）には、面談を実施して真摯な姿勢を示すことが早期解決に資することもあります。

・相手の反応をリアルタイムで見ながら議論できるため、問題解決に向けた交渉を円滑に行うことが期待できます。

デメリット

・面談場所や面談時間、同席者の調整で難航することが少なくありません。また、係争案件の内容によっては、当事者間の感情的対立が強く、面談を避けられることもあります。

・面談によって合意ができたとしても、面談時の状況の記録が難しく、例えば、「面談した際に相手方が複数名で囲んでくるなどして威圧的であったためにやむを得ず書面にサインした。強迫されたものである」と主張されたりすることもあります。代理人として面談の席に同席する場合には、「弁護士から強要されて合意書に署名させられた」等と指摘されないように同席の是非も含めて慎重に検討しましょう。

3　電話

メリット

・同時に双方向で協議できることから、具体的な条件提示ができない段階でも相手方と柔軟な話し合いが期待できます。

・特別な設備やアプリケーションは不要で、通話を始めることが可能です。また、電話が繋がる場所であればどこでも会話が可能です。

デメリット

・相手の表情や反応を見ることができないため、完全なコミュニケーションは困難です。

・複雑な話題や資料について話す際、音声だけでは誤解が生じやすい場合があります。

・電話による交渉の場合、互いの交渉経過が記録に残りにくい点が挙げられます。電話の会話内容を録音することも考えられますが、前後の

文脈次第では証拠としての信用性に疑義が呈されることもあります。

・なお、電話による交渉は記録が残りにくいとはいえ、不適切な発言等が許容されるわけではありません。相手方に対し、「ふざけんな、コラー」「わきまえろ」等と怒鳴りつけ、相手方の言動について根拠を得ていないにもかかわらず「詐欺」「嘘」等と断言し、その必要もなく、「しみったれたことを言ってんじゃないよまったく」「ガキじゃねーんだから警察に伺いをたてろっていうの」等と相手方を軽侮、威嚇する発言を電話で行ったことが懲戒事由に該当すると判断された事例があります（戒告・「自由と正義」70巻8号72頁）。

4 WEB会議

メリット

・インターネットに接続できる場所であれば、いつでも、どこからでも参加することが可能です。

・画面共有や資料アップロードが容易で、詳細な情報を効率良く共有できます。

・より多くの関係者を容易に会議に招待することが可能です。

デメリット

・カメラやマイク、インターネット接続など、技術的なトラブルが発生する可能性があります。

・WEB会議の内容が録画されるなど、情報漏洩のリスクがあります。

5 メール（その他電磁的方法）

メリット

・すべてのやり取りがテキストで残るため、後で確認が容易です。

・いつでもどこでもやり取りができます

・すぐに送信する必要がなく、送信者側の判断で慎重に表現を作成することが可能です。

デメリット

・メールの確認と返信には時間がかかる場合があります。

・情報漏洩や不正アクセスのリスクがあります。

・感情や強調を伝えることには不向きです。

6 ＦＡＸ

メリット

・ＦＡＸはリアルタイムで書面を送ることができます。

・ＦＡＸによる通知内容を記録化できます。

・公共機関でも使用されていることから、一定レベルのセキュリティが確保されています。

デメリット

・ＦＡＸ機器が必要である上、紙を使用するため、相手方がＦＡＸ機器を持っていない場合には利用できません。また、大量の書類を送信することにも向いていません。

・ＦＡＸが正確に送受信されたかを確認する手段が限られています。

・感情や強調を伝えることには不向きです。

7 普通郵便

メリット

・普通郵便は、相手方の住所が確認できれば連絡が可能です。また、配達証明や内容証明郵便に比べれば費用もかかりません。さらに、ＦＡＸと異なり、大量の資料を同封して郵送することも可能です。

・通知内容が書面で記録として残るため、証拠とすることが可能です。

デメリット

・いつ相手方に届いたのか、またどのような内容を送ったのかが記録化しにくいという問題があります。消滅時効の完成猶予をする必要がある場合などには不向きです。

・郵便局の配達事情によって到達までに数日以上を要することもあり、迅速に到達することが期待できません。

8 内容証明郵便

メリット

・内容証明郵便は、普通郵便や配達証明と比べて、いつ、どのような内

容の通知が相手方に届いたのかが記録化できます。

・また、普通郵便などとは異なり、特定の書式で送付されるため、相手方に与える心理的影響が大きいことも挙げられます。

デメリット

・内容証明郵便による場合、他の郵送方法と比べて費用が高額です。

・相手方に与える心理的影響が大きいために、相手方の態度が硬化する可能性もあり、柔軟なコミュニケーションには不向きです。

4　示談交渉の心構え

1　交渉経過の記録化

交渉にあたっては、裁判等に発展する可能性も見据えて、**交渉経過を記録化していくこと**を意識しましょう。

交渉経過を記録化する場合には、こちらからの連絡方法を書面やメール等、記録が残る形式で行うだけでなく、相手方に対して書面やメール等での回答を求めることも検討しましょう。

2　回答期限の設定

示談交渉は方法の制限もなければ提出期限の制限もないため、漫然と時間が過ぎてしまうことにもなりかねません。法的な拘束力があるわけではありませんが、相手方と交渉する際には、「令和○年○月○日までにご回答ください」などと、**回答期限を設定する**ことも考えられます。

期限までに回答がない場合には、次のステップに移行することも見据えておきましょう。

3　依頼者への報告の重要性

依頼者からすれば、交渉経過がどうなっているのかは気になる点でもあります。依頼者には、示談交渉の案件に進捗があった際に報告することが望ましいといえます。相手方からの回答があった場合のほか、上記回答期限を設定した際には回答期限を経過しても動きがなかった場合等に報告するようにしましょう。

4　依頼者と相手方との利害調整

　弁護士は依頼者の利益のために活動すべきであり、示談交渉でもできる限り依頼者の利益を最大化することが求められます。

　もっとも、依頼者の利益を最大化するためといっても、不当な要求や交渉方法をとることは当然慎まなければなりません。

　また、示談交渉で解決するためには、当事者双方が最終的には合意する必要があります。依頼者の主張だけが認められるとは限らず、ある程度相手方の主張にも譲歩しなければならないことも少なくありません。相手方の合意を得るためには、依頼者の主張が正当であっても、一定の譲歩を検討してもらう場面もあり得ます。

　依頼者の主張が正当であればあるほど、一定の譲歩をすることには了承し難いこともあるかもしれませんが、一方当事者の主張ばかりが認められると相手方からすれば遺恨が残ってしまい、将来の紛争につながるおそれもあります。あまり勝ちすぎず、若干の譲歩をしても早期解決を選択するとともに、**将来の禍根を断つ**ことも検討しましょう。

　どこまでの要求を通すことが依頼者にとって最適といえるかをよく検討する必要があります。

　なお、交渉を有利に進めようと考え、必要性がないにもかかわらず相手方の勤務先に対して弁護士から通知書を発送したり、紛争の内容を通知したりすることは、社会的相当性を逸脱し、正当な業務執行行為の範囲を逸脱しているとして懲戒事由に該当すると判断されるおそれがあります（業務停止1月・「自由と正義」53巻3号139頁）。

　依頼者の利益を図ろうとしても、行き過ぎた交渉は許されません。弁護士である以上、相手方の立場も踏まえた対応を心がけましょう。

5　合意書の締結

1　合意書案はできる限り自分で作成する

　示談交渉の結果、お互いの合意が形成されてきた段階で、合意書を締結することになります。

　依頼者側と相手方のいずれが合意書案を作成するほうがよいかについ

て、次のようにそれぞれメリット・デメリットがあります。

■合意書案を自分が作成する場合と、相手方が作成する場合の比較

	メリット	デメリット
自分が 作成する場合	1．内容のコントロールが可能 2．利益の最大化を図ることが可能 3．早期作成が可能	1．作成時間を要する 2．交渉の余地が狭まる 3．初期印象悪化のリスク
相手方が 作成する場合	1．時間の節約 2．相手方の意図の把握が可能 3．交渉の余地が広がる	1．相手方の利益が優先される可能性 2．プロセスの遅延 3．修正の手間がかかる

　相手方が合意書案を作成する場合には、相手方が文書を作成するため、その点での時間を節約できるほか、相手方の意図を把握することも可能になります。相手方の意図を把握することで、条項案の修正や追加を求める中で交渉する余地も生じます。一方で、相手方によって作成された合意書案は、相手方の利益に寄り添った内容となる傾向があるため、その意図を推測しながら不利な条項や不明確な点を修正する必要があります。また、相手方の都合でいつ頃に合意書案が提示されるか不明であるため、合意書締結のプロセスが遅くなるおそれがあります。

　これに対し、自分が合意書案を作成する場合には、依頼者側の意図を踏まえて内容を整理することができ、依頼者の利益を最も考慮した内容で作成することが可能になります。また、当方側で合意書案を作成できるため、合意書締結のプロセスを早めることも可能です。一方で、複雑な内容の合意書案の場合には多くの時間を要するほか、自分から提案すると相手方から修正等を求める交渉を受けることになり、一定の譲歩をすることもあり得ます。また、片面的に有利な内容の合意書案を提示すると、相手方が反感を持つ懸念もあります。

　どちらが合意書案を作成すべきかは個別具体的に判断することになりますが、自分から合意書案を作成するメリットを考慮すると、**積極的に合意書案を提案していくことが望ましい場面が多くなる**でしょう。

2　合意書の署名捺印は依頼者本人か、代理人かの検討

　合意書の締結の際には当事者双方の署名・捺印を交わします。

　代理人が依頼者本人に代わって署名捺印をすることでも有効性に変わりはありませんが、依頼者から後日「代理人が無断で合意書を締結した」等と指摘されるおそれを防ぎたい場合には、**依頼者本人に署名捺印してもらうほうが無難**です。

6　公正証書の作成

1　公正証書作成の目的

　当事者間で合意書を締結するだけでなく、公正証書の作成まで行う場合もあります。

　合意書だけでなく公正証書を作成する目的は、①後日の強制執行を可能にする、②公証役場でも合意事項の有効性を確認してもらい、後日の紛争の蒸し返しを防止する、ということにあります。

2　当事者間における事前の協議

　公正証書を作成する場合には、公証役場の利用にあたっての追加の費用負担や、公証役場に赴く負担が発生することに注意しましょう。

　特に費用負担は、当事者のいずれが負担するのかという点がよく問題となりますので、公正証書を作成する場合にはこの点も事前に確認しておきましょう。

3　公証役場への事前連絡・調整

　公正証書を作成する場合には、公証役場へ事前に連絡し、日程調整や合意書案の確認を行う必要があります。

　公正証書はすぐに作成できるわけではありませんので、時間的・経済的負担が発生することを依頼者に事前に説明しましょう。

3 調停対応の留意点

1 調停対応で起こり得るトラブル

　ADR／調停は、示談交渉と訴訟の中間に位置する手続であり、事案によっては示談交渉や訴訟とは別の選択肢となり得る解決方法です。

　ADR／調停は、示談交渉と異なり、第三者機関が介在する点で、訴訟と同じような効果を期待する向きもあります。

　しかしながら、ADR／調停は、訴訟とは異なり、終局的な解決は期待できないという違いがあります。

　また、ADR／調停は、その申立てによっても消滅時効の更新の効果はなかったりするなど、**法的効果も異なる**点に注意が必要です。例えば、交通事故事案における交通事故紛争処理センターへのあっ旋の申立てだけでは、**消滅時効の更新の効果はありません**（https://www.jcstad.or.jp/guidance/attention/）。

　このように、ADR／調停を利用する場合には、訴訟手続との法的効果の違いも意識しておかなければ、思わぬトラブルに発展するおそれがあることにご留意ください。

2 ADR／調停の選択のポイント

　ADR／調停は、示談交渉と訴訟の中間に位置する手続といえます。ADR／調停は、各分野に応じてそれぞれ異なる制度が設計されています。交通事故分野であれば、公益財団法人交通事故紛争処理センターにおける和解あっ旋、労働分野であれば労働審判という制度があります（これらの制度のメリット・デメリットについては108頁で解説します）。

　示談交渉や訴訟ではなく、ADR／調停を選択する場面としては、次

のケースが考えられます。

1　交渉では解決しない場合

　当事者間の話し合いでは妥協の余地が見いだせず、第三者機関の意見を仰ぐことで譲歩の余地を探ったほうが適当な場合には、ADR／調停の利用が考えられます。

2　経済的負担をかけずに解決したい場合

　ADR／調停は、訴訟ほどの裁判費用はかからないことが一般的です。

　また、ADR／調停は、訴訟と比べて当事者本人でも利用しやすい手続であるため、弁護士に依頼せずに本人で対応することも考えられます。

3　早期に解決したい場合

　ADR／調停は、2、3回程度の期日で解決する傾向にあるため、訴訟と比べ解決までの時間は比較的短期になることが期待できます。

4　証拠が不十分である場合

　依頼者の主張を裏付ける証拠が不十分であり（例：金銭消費貸借契約を主張しているが借用書がない場合）、訴訟では依頼者の主張を立証できる見込みが乏しい場合でも、ADR／調停では紛争の早期解決のために双方の譲歩が推奨され、一部ではあっても依頼者の主張が認められる可能性があります。

5　当事者間の関係性に配慮する必要がある場合

　当事者が親族や旧知の仲であったりするなど親密な関係がある場合、当事者のいずれかの主張の正否の判断を求める訴訟では、関係が決定的に悪化するおそれがあります。

　ADR／調停によって話し合いを継続し、決定的な関係の悪化を避けながら紛争の解決を図ることが考えられます。

6 相手方が社会的信用のある法人である場合

　相手方が社会的信用のある法人である場合、訴訟によらなくとも ADR ／調停によって話し合いで解決することが期待しやすいといえます。社会的信用のある法人であれば、できる限り穏便に解決することでレピュテーションリスクを回避したいという動機も働くからです。

3　交通事故紛争処理センターによる ADR の利用

1　交通事故紛争処理センターの和解あっ旋の概要

　交通事故事案では、公益財団法人交通事故紛争処理センター（以下「交通事故紛争処理センター」という）による ADR を利用することができます。

　交通事故紛争処理センターは、交通事故被害者の中立・公正かつ迅速な救済を図るため、自動車事故による損害賠償に関する法律相談、和解あっ旋及び審査業務を無料で行う ADR 機関です（https://www.jcstad. or.jp/guidance/flow/flowimage/）。

2　メリット・デメリット

　交通事故紛争処理センターの和解あっ旋のメリット・デメリットは、示談交渉、訴訟と比較すると次の表のように整理することができます。

■交通事故紛争処理センターの和解あっ旋のメリット・デメリット

	示談	和解あっ旋	裁判
メリット	☐ 早期解決可能 ☐ 訴訟費用がかからない	☐ 示談よりも高い解決水準が期待できる ☐ 厳密な立証までは求められない ☐ 訴訟費用がかからない	☐ 終局的な解決が可能 ☐ 示談よりも高い解決水準が期待できる
デメリット	☐ 解決水準が低い傾向（他の2つと比較）	☐ 解決に至らない可能性	☐ 訴訟費用がかかる ☐ 長期化の可能性 ☐ 示談よりも低い解決水準の可能性もある

4 労働審判

1 労働審判の概要

労働審判とは、最近の個別的労働関係に関する紛争の増加傾向に対処するために、迅速かつ適切に解決を図ることを目的に制定された手続です。労働審判は、**原則として3回以内の期日**で、調停（話し合い）による解決が試みられます。調停による解決ができない場合には、労働審判委員会が労働審判を行い、解決を図ります。

■労働審判の流れ

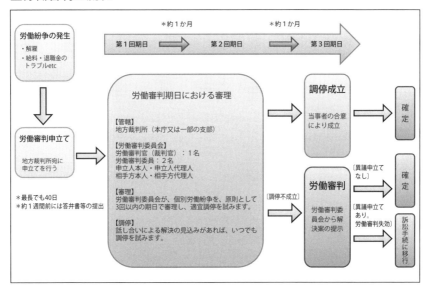

労働審判手続の対象は、個別労働関係民事紛争とされています。

具体的には、解雇・配置転換・降格処分・賃金／退職金／解雇予告手当の不払いなどに対する紛争などがこれにあたります。

したがって、行政事件や、使用者と労働者との間の単なる金銭の貸借、労働組合と使用者との間の集団的労働関係紛争、個人（社長や上司）を相手とする紛争は、労働審判の対象とはなりません。

労働審判の対象外となる紛争について労働審判を申し立てたとして

も、不適法として却下されます（労働審判法6条）。

2　労働審判のメリット

①早期解決が期待できる

　労働審判は通常の裁判手続よりも迅速に進行することが予定されている上、**期日も原則として3回までとされています**。

　労働者と使用者の双方がトラブルを早期に解決することを希望している場合、そのための高い可能性を持つのが労働審判の大きな利点です。

②和解による解決が期待できる

　通常の労働裁判でも和解が行われますが、**労働審判のほうが和解による解決が期待しやすい**といえます。

　和解の利点は、労使双方にとって柔軟な解決を図ることが可能な点が挙げられます。

　使用者側にとっては従業員の未払残業代や解決金を支払う場合に、外部に知られずに事態を収束させたいケースや、全面的な敗訴を回避したいというケースもあります。労働者側にとっても、早期の解決を希望している場合や、再就職等を検討する際に労使間の紛争を外部に知られたくない場合もあります。両者が柔軟な解決をしたい場合に和解しやすいです。

③非公開性が確保される

　労働審判は審理が非公開で行われるため、外部に情報が漏れる可能性は通常の裁判より低いといえます。

　非公開ゆえに、使用者は対外的な評判の損失を抑えられますし、労働者も自身の労働トラブルを非公開に保つことができます。非公開性は、労働審判を活用するメリットの一つです。

3　労働審判のデメリット

①拙速な判断のリスク

　労働審判は迅速な解決が期待できるメリットがありますが、その一方で**裁判所の判断が不十分となる可能性**も考えられます。通常の裁判では十分な主張立証の機会がありますが、労働審判では限られた期間内に主

張立証を行うことが求められるため、十分な主張立証ができないおそれがあります。

②証人尋問の機会と情報収集量の期待の乏しさ

通常の裁判では証人尋問が行われますが、労働審判では実務上あまり行われないため、証人尋問を通じた証拠収集は期待しにくいといえます。

③出廷の負担

労働審判では、労働者本人や使用者側代表者本人が出席することが求められます。直接の出廷を望まない当事者にとっては負担となります。

④付加金の制限

労働審判では、未払残業代等における付加金の支払いが認められません。

一方、通常の労働裁判では付加金が認定される可能性があるため、付加金の点も考慮して労働審判での解決を志向するか、労使双方の立場で検討する必要があります。

5　調停から訴訟に移行する場合の留意点

1　調停の進行

調停は、裁判所における当事者双方（申立人、相手方）の話し合いであり、調停委員会（裁判官1名と調停委員2名で構成）が担当します。

調停の期日当日は調停委員2名が当事者双方の主張を個別・交互に聞いていく形で進行します。当事者双方が同じ部屋で直接顔を合わせて話し合いを行うことは通常は予定されていません。

調停は、当事者の予定を確認しながら、おおよそ1〜2か月に1回の頻度で期日が設定されます。当事者双方の合意ができるまで調停期日を重ねていきますが、「合意ができる見込みがない」と調停委員会に判断された場合には、調停不成立の判断をされることになります。

■調停の流れ

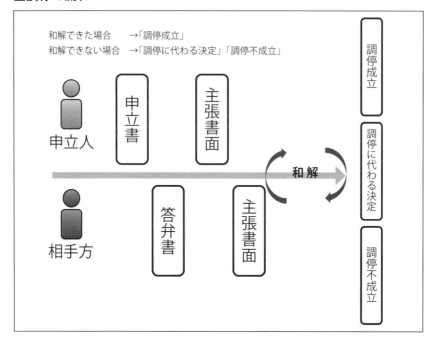

和解できた場合　→「調停成立」
和解できない場合　→「調停に代わる決定」「調停不成立」

申立人

申立書

主張書面

相手方

答弁書

主張書面

和解

調停成立

調停に代わる決定

調停不成立

2　調停の終了

①調停の成立

　調停期日を重ねて、お互いに合意できる道筋が見えてくると、調停の成立に向けて、具体的な調停条項を検討します。

　なお、調停期日当日で調停条項案を決めようとすると、検討が不十分なためにトラブルが生じるおそれがありますので、できれば期日間で具体的な条項案を作成しておき、事前に調整しておくことが望ましいといえます。

　調停が成立すると、裁判上の和解と同一の効力を有し（民事調停法16条）、強制執行も可能となります。

②調停に代わる決定

　民事調停では、「裁判所は、調停委員会の調停が成立する見込みがない場合において相当であると認めるときは、当該調停委員会を組織する民事調停委員の意見を聴き、当事者双方のために衡平に考慮し、一切の

事情を見て、職権で、当事者双方の申立ての趣旨に反しない限度で、事件の解決のために必要な決定をすることができる。この決定においては、金銭の支払、物の引渡しその他の財産上の給付を命ずることができる。」とされています（民事調停法 17 条）。

　調停に代わる決定が行われる例としては、大筋では合意に達しているものの、わずかな意見の相違で調停成立に至らない場合などが挙げられます。

　調停に代わる決定に対しては、当事者又は利害関係人は、異議の申立てをすることができます。異議の申立期間は、当事者が決定の告知を受けた日から 2 週間とされており、期間内に異議の申立てがないときは、上記決定は、裁判上の和解と同一の効力を有することになります（同法 18 条）。

③調停の不成立

　調停の不成立とは、調停委員会が、当事者間に合意が成立する見込みがない場合又は成立した合意が相当でないと認める場合において、裁判所が調停は成立しないものとして事件を終了させることをいいます（民事調停法 14 条）。

　調停事件が不成立となった場合、申立人がその旨の通知を受けた日から 2 週間以内に調停の目的となった請求について訴えを提起したときは、調停の申立ての時に、その訴えの提起があったものとみなされます（同法 19 条）。

4 訴訟対応の留意点

1 訴訟対応で起こり得るトラブル

訴訟は紛争の終局的な解決を図る際に利用する解決方法です。

訴訟手続は、民事訴訟法や民事訴訟規則で各手続のルールが規定されているほか、職務規程の弁護士倫理においても留意すべき事項が規定されています。

弁護士は依頼者のために職務を遂行しなければなりませんが、依頼者にとって利益となるのであればどのような行為も許容されるものではありません。

弁護士が虚偽の証拠と知りながら裁判に提出したり、偽証の教唆をしたりすることは許されません。

また、いたずらに訴訟を遅延するように期日を延期・欠席したりすることや、準備書面の提出期限を徒過したりすることは、**それ自体が懲戒事由**になり得るほか、場合によっては主張立証が、**時機に後れた攻撃防御方法として制限**されてしまう場合もあり得ます。

訴訟手続において求められる手続法のルールや弁護士倫理を理解することは、適切な訴訟対応を実現するとともに、無用なトラブルを回避するためにも必要です。

以下では、訴訟対応の留意点として押さえていただきたいポイントを解説します。

2 訴訟と弁護士倫理

民事弁護における弁護士の活動領域は多岐にわたりますが、弁護士の主要な活動の一つが訴訟活動にあります。

弁護士が訴訟活動に携わるにあたっては、弁護士倫理（「職務規程」において、行動規範が定められています）に留意しながら行う必要があります。

■訴訟と弁護士倫理

①　公正な裁判の実現と適正手続の確保（民訴法 2 条・職務規程 74 条）

②　偽証若しくは虚偽の陳述の唆し、又は虚偽証拠の提出の禁止（職務規程 75 条）

③　怠慢により又は不当な目的による裁判手続の遅延の禁止（職務規程 76 条）

④　職務を行うにあたっての、裁判官、検察官その他の裁判手続に関わる公職にある者との縁故その他の私的関係の不当な利用の禁止（職務規程 77 条）

　当事者や証人への偽証等を唆したりすることは厳に慎まなければなりません。

　偽証等を唆したりすることはあり得ないと思うかもしれませんが、当事者等の記憶が薄れている場合や、交通事故事案における事故態様等のヒアリングを行う際に、**依頼者にとって有利となるように誘導質問をして記憶や事故態様等の喚起を図る**ようなことがあった場合には、事実と異なる回答を導いている面も否定できません。誘導の程度によるところもありますが、弁護活動に熱心になるあまり、事実を歪めるようなことになっては偽証等に加担するおそれがあることにはご留意ください。

　この点、被告が書証として提出した借用書の原本が原告代理人のもとに紛れ込んだことを奇貨として、原告本人と協議し、原告本人尋問において原告が借入金を返済したために借用書の原本が原告に返還されたなどという虚偽の供述をさせたことが懲戒事由に該当すると判断された事例が参考となります（業務停止 1 月・「自由と正義」42 巻 12 号 185 頁）。

3 訴訟手続の留意点

1 準備書面等の事前提出

①提出期限の厳守

　準備書面等の提出にあたっては、裁判長が提出期限を定めます（民訴法162条）。

　裁判所も相手方も、事前に提出書面を確認した上で次回期日に臨みますので、期限を守って提出することが前提となります。

　提出期限を遵守できなければ、当事者は期限内に主張も整理できないほど問題があるのではないかと疑われてしまい、当事者にとっても不利になります。

　場合によっては時機に後れた攻撃防御方法として主張を却下されるおそれもあります（民訴法157条）。やむを得ない事情により提出できない場合には、事前に裁判所へ連絡しましょう。

②準備書面や証拠申出書は直送が原則

```
【直送すべき書面】
☐　　答弁書（民訴規79条1項、83条）
☐　　準備書面（民訴規83条）
☐　　証拠申出書（民訴規99条2項）
☐　　尋問事項書（民訴規107条3項）
☐　　鑑定事項書（民訴規129条2項）
☐　　書証添付の訳文（民訴規138条1項）　　　　　　　など
【直送することができる書面】
☐　　書証の写し（民訴規137条2項）
☐　　証拠説明書（同条同項）
```

　準備書面や証拠申出書は、相手方への直送（民訴規47条1項）が原則となります。

　通常はＦＡＸ送信を利用することが多いですが、カラー写真等を証拠として提出する場合には、準備書面はＦＡＸ送信し、証拠は別途郵送す

るという方法をとることもあります。

　なお、令和5年11月28日以降、知的財産高等裁判所、すべての高等裁判所及び支部、並びにすべての地方裁判所及び支部において、民事裁判書類電子提出システム（mints）を利用して書面を提出することができるようになりました。

　mints は、民訴法132条の10等に基づき、裁判書類をオンラインで提出するためのシステムです。対象となるのは、準備書面、書証の写し、証拠説明書など、民訴規3条1項によりFAXで提出することが許容されている書面です。

　当事者双方に訴訟代理人があり、双方の訴訟代理人がmintsの利用を希望する事件において利用が可能となっています。

③裁判所から送達すべき書面

　他方、裁判所から送達すべき（当事者が直送できない）書面として規定されている書面は、以下のとおりです。

☐　訴状（民訴法138条1項）
☐　訴えの変更（申立書等）（民訴法143条3項）
☐　反訴状（民訴法146条4項→138条1項）
☐　補助参加申出書（民訴規20条1項）
☐　独立当事者参加申出書（民訴法47条3項）
☐　訴訟告知書（民訴規22条1項）
☐　訴えの取下書（民訴法261条4項）
☐　控訴状（民訴法289条1項）
☐　上告状（民訴規189条2項）
☐　上告理由書（民訴規198条本文）　　　　　　　　　　　など

④印刷等が不鮮明な場合はクリーンコピーの提出を要求する

　なお、相手方から提出された準備書面の印刷が不鮮明であったり、カラー写真が白黒印刷で送付されたりする場合には、提出書面の内容を精査するために、クリーンコピー（鮮明なコピー）の提出を求めましょう。

　また、Microsoft Teams を利用した WEB 会議による裁判手続の場合

には、Teams にファイルをアップロードしてカラー版、クリーンコピー版のデータを確認することもあります。

2 証拠の原本の取扱い

①証拠の原本提出は期日において提示する

証拠を原本として提出する場合には、裁判期日に原本を持参し、裁判所と相手方に提示すれば足ります。

提示で足りますので、直接郵送する必要はありません。

なお、近時は WEB 会議での裁判手続や電話会議が普及しているため、直接法廷に出廷して原本を確認する機会も限られています。特に原本の確認が重要と思われない事案では、口頭弁論期日など、代理人弁護士が出廷する期日にまとめて書証の原本確認を行うことが一般的です。

②証拠の原本確認の重要性

一方、相手方から証拠を原本として提出された場合、原本の内容を確認する必要があります。

上記①のように、口頭弁論期日等、代理人弁護士が出廷する期日で原本の確認が行われますが、ここの機会で原本の確認に見落としがあったとしても、後日もう一度確認することは難しくなります。

なお、証拠の内容によって原本確認の必要性は異なります。例えば、全部事項証明書の場合、わざわざ原本と写しの相違を確認する必要は高くありません。一方、筆跡が問題となっている借用書や遺言書の場合、写しでは確認できなかったものの、原本には不自然な改ざんの痕跡らしきものが残っていたりすることが考えられます。

また、日記等の一部が抜粋されて証拠提出された場合、日記原本を確認すると、抜粋部分以外にもメモが残っており、こちらに有利な記載が見つかることもあります。その他、提出された証拠の写しは白黒だったためにわからなかったものの、原本を確認するとカラーで記載された箇所があったり、薄くて判読できなかった手書きのメモが見つかったりということもあったりします。

原本を確認する場面では、漫然と証拠を眺めるのではなく、写しでは確認できない不自然な箇所がないか等、注視しましょう。

原本に不自然な箇所を発見した場合には、裁判所に申し入れて弁論調書に記載してもらうよう求める、クリーンコピーで証拠を提出するよう求めるなどの対応をしましょう。

3　準備メモの作成

裁判期日前には、毎回期日で確認すべき事項を整理した期日間の準備メモを作成するようにしましょう。期日間の準備メモのイメージは、期日報告書の下書きです。

箇条書き程度のメモで構わないので事前に作成しておくことをお勧めします。期日間の準備メモを作成することで期日当日に注意すべき点などが明らかになり、当日の対応がスムーズになります。

また、相手方が事前準備をした上で期日に臨んでくると、予期せぬ質問などを受けていい加減な回答をしたために、不利な言質をとられるおそれもあります。そのため、当方側の事前準備が重要になります。

相手方から事前に準備書面が提出されている場合には事前に一読し、気になる点のメモを取っておくようにしましょう。

事前準備を行って期日に臨むことで、期日の席上で相手方に対する質問や、次回期日の準備事項について裁判所と十分な協議を行うことが可能となります。「準備8割、実行2割」と言われますが、各期日でも十分な準備をして臨みましょう。

4　訴訟記録の閲覧・謄写の重要性

訴訟を途中で引き継いだ場合には、訴訟記録の閲覧・謄写は必ず行いましょう。

依頼者本人や前任の弁護士から、これまでに提出された準備書面等を受け取っていても、不足があることも否めません。また、裁判所が作成している弁論調書を確認することで、準備書面等に現れていない席上でのやり取りや、これまでの裁判の流れ、争点整理の状況等を把握することができます。

訴訟記録の閲覧・謄写は時間も費用も要しますが、ミスを防ぐためにも惜しむべきではありません。

なお、裁判所の事件記録は以下のように3つに区分されています。

■裁判所の事件記録の区分

第1分類　弁論関係の書類
- ☐　調書（口頭弁論調書、弁論準備手続調書、和解期日調書等）
- ☐　訴訟の終了を明らかにする書類（判決書、和解・放棄・認諾調書等）
- ☐　当事者の主張を明らかにする書類（訴状、答弁書、準備書面等）

第2分類　証拠関係書類
- ☐　書証目録・証人等目録
- ☐　証拠説明書・証拠に対する意見書
- ☐　書証の写し
- ☐　証拠調べ調書等
- ☐　証拠申出書　　　　　　　　　　　　　　　　　　　　　等

第3分類　その他の書類
- ☐　訴訟代理権を証する委任状
- ☐　法人の代表者の資格を証する書面
- ☐　送達報告書　　　　　　　　　　　　　　　　　　　　　等

5　期日報告書の重要性

　各裁判期日を対応した後に、依頼者には必ず裁判の内容を報告しましょう。期日報告書は任意の書面ですから、定型的なものはありません。参考例（29頁）はあくまでも一例であり、適宜改訂してご利用ください。

　期日報告書を依頼者に送付する時期は、**遅くとも期日翌日まで**とすべきです。依頼者も訴訟の進行には当然関心がありますので、報告が遅くなると心配になって確認の連絡が入ることもあります。

　期日報告書を作成することで、依頼者にとっては期日に出席していなくても期日の内容を把握できるだけでなく、弁護士がどのような対応を

したのかを把握することができます。

　また、弁護士にとっても、次回期日までに何を準備すべきかを整理でき、ミスを回避できます。期日報告書は、依頼者に対する報告・連絡・相談の一つとして重要な書面であり、また弁護士が行っている業務を可視化するツールでもありますので、積極的に活用していきましょう。

6　依頼者との打合せ・訴訟の見通し

　期日報告書の送付以外にも、訴訟の進行状況にあわせて依頼者との打合せも積極的に行いましょう。

　訴訟係属中に依頼者と密に意思疎通を重ねることで、より詳細かつ正確な事実関係を把握し、適切な訴訟対応が可能となります。

　また、訴訟の進行状況に応じて、裁判所の心証を踏まえた見通しも共有し、どのような解決が望ましいかも、折に触れて依頼者には説明し、確認しておきましょう。訴訟終盤となった段階で突然に裁判所の和解案を伝えたとしても、**それまでの訴訟の経過を十分に共有できていなければ依頼者としても納得し難い**でしょう。ましてや依頼者に不利な和解案であればなおさら受け入れ難いことが予想されます。厳しい見通しが予想される案件こそ、依頼者との打合せは丁寧に重ね、和解案の諾否に関する意向等を確認していきましょう。

　丁寧な対応は、依頼者との信頼関係の構築に必須であり、また信頼関係を構築していくことが依頼者の納得する方針選択にも資するものです。

　さらに、弁護士のリスク回避という観点からも、訴訟の方針や和解の諾否等を検討する重要な場面では**依頼者の意向確認**を行うようにしましょう。依頼者の意向確認をせずに遺産分割調停事件における相続財産の不動産を売却した上、売却代金の精算・分配手続を不動産仲介業者に委ねたことが懲戒事由に該当するとされた事例等があることにご留意ください（戒告・「自由と正義」43巻5号161頁）。

5 第一審

1 第一審で起こり得るトラブル

　民事訴訟は、第一審から開始することになりますが、実際には訴訟提起前から事前準備を行うことが通常です。

　訴訟提起前の交渉上の留意点は96頁以下の解説をご参照いただくことになりますが、訴訟提起前の証拠収集方法には別途留意が必要です。

　訴訟提起前の証拠収集方法としては、弁護士会照会（弁護士法23条の2）や証拠保全（民訴法234条）等が挙げられますが、**不適切な事由で弁護士会照会を申し立てることが懲戒事由**となるケースもあります。また、証拠保全手続は、医療過誤事件等で利用されますが、申立てには疎明資料等が必要となり、慣れていなければ申立てに時間を要してしまうこともあります。**適切に証拠収集手続等を実施することができず、訴**訟提起がいたずらに遅れること等が重なってしまい、懲戒に発展しまったという事案も散見されます。

　訴訟提起後も、訴状の送達等の場面でも留意が必要です。訴状の送達が奏功しなかった際に、**十分な現地調査等をせずに安易に公示送達の申立てを行った事案**において、戒告の懲戒処分を受けてしまったという事案もあります（「自由と正義」44巻5号111頁）。

　このほかにも、準備書面の表現が相手方を必要以上に誹謗中傷するような内容であったりすれば懲戒処分になることも散見されます。

　いずれも、適正公平な裁判を実現するという観点から節度ある対応が求められます。

　以下では、第一審対応の留意点として押さえていただきたいポイントを解説します。

2 第一審の流れ

民事訴訟における第一審の進行は以下のとおりです。

■第一審の流れ

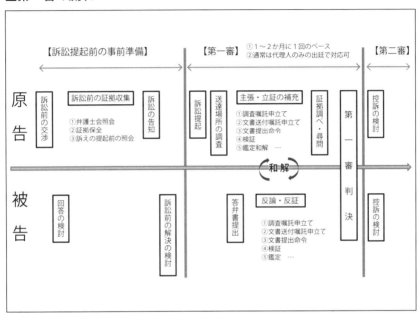

以下では、それぞれの手続の留意点を解説します。

【訴訟提起前の事前準備】
① 訴訟前の交渉
② 訴訟前の証拠収集
③ 訴訟の告知
④ 訴えの提起
【第一審】
⑤ 送達場所の調査
⑥ 主張・立証の補充
⑦ 証拠調べ・尋問

⑧　裁判上の和解

⑨　第一審判決

【第二審】

⑩　控訴の検討

3　訴訟提起前の事前準備

1　訴訟提起前の交渉

　原告側は、訴訟を提起するか、訴訟を提起せずに交渉による解決を図るか、を選択することができます。

　訴訟の負担や見通しを踏まえて、示談交渉と訴訟のメリット・デメリットも勘案しながら、訴訟による解決と交渉による解決のいずれを優先するかを検討します。

2　訴訟提起前の証拠収集

　訴訟提起前の交渉段階においても、交渉を有利に進めるために、証拠の収集を検討します。

　証拠収集の方法としては、依頼者から提供してもらうことのほか、一般的に公開されている資料（全部事項証明書等）を入手する、インターネット検索をする等の方法がありますが、中には第三者が保持している情報等、入手が困難な証拠もあります。

　そのような入手が困難な証拠を収集する方法として、以下の手続を利用することが考えられます。

① 弁護士会照会（弁護士法 23 条の 2 ）

② 証拠保全（民訴法 234 条）

③ 訴えの提起前の照会（民訴法 132 条の 2 以下）

　各証拠収集方法のメリット・デメリットは以下のとおりです。

①弁護士会照会（弁護士法 23 条の 2）

　弁護士会照会とは、弁護士が依頼を受けた事件について、証拠や資料を収集し、事実を調査するなど、その職務活動を円滑に行うために設けられた法律上の制度です。

　弁護士会照会は、法律で規定されている制度であり、照会の必要性と相当性が認められる場合、照会を受けた官公庁や企業、事業所などは、原則として回答・報告する義務があります（大阪高判平成 19 年 1 月 30 日（平成 18 年（ネ）第 779 号）等）。

メリット

・弁護士会照会は、相手方（被告）に対し、照会を申し立てたかどうかを知られずに利用することが可能です。

　弁護士会照会の回答結果について、申立人（原告）側にとって有利にはならない回答結果だったとしても、相手方（被告）側には知られないため、積極的に提示しなくともよいというメリットがあります。

・弁護士会照会は、紛争の当事者以外の第三者に対しても照会を行うことが可能です。

デメリット

・弁護士会照会は、申立時に弁護士会へ手数料を支払う必要があります。

　弁護士会照会の申出先が複数にわたるときには相応の費用を要するため、照会件数によっては事前に依頼者と協議すべき場合もあります。

・弁護士会照会の申立てにあたっては、弁護士会の審査を経る必要があります。弁護士会の審査の結果、関係者のプライバシー等を侵害するおそれがある等の事情があると判断された場合には、弁護士会照会の申立てが認められないこともあり得ます。（なお、近時、弁護士会に対し、相手方の勤務先を照会先とし、相手方の住所を照会事項とする弁護士会照会の申出を行い、照会を求める理由として、相手方と A との不貞行為を断定し、A の自殺未遂の事実をも記述して、上記照会手続を介してその主張を相手方の勤務先に知らしめたことが懲戒事由に該当すると判断された事例が出ています（戒告・「自由と正義」74 巻 9 号 58 頁）。弁護士会照会は、弁護士会の審査を経るとはいえ、照会理由によっては懲戒事由に該当すると判断されるおそれがあるた

め、**何を記載すべきかは慎重に検討**しましょう）。

・弁護士会照会には、原則として回答義務があるとされていますが、照会先から回答を拒否される場合もあります。弁護士会照会を申し立てれば、必ず意中の証拠が手に入るとは限らないことにご留意ください。

②証拠保全（民訴法234条）

　証拠保全とは、あらかじめ証拠調べをしておかなければその証拠の使用が困難となる事情がある場合に、訴訟における本来の証拠調べの時期に先立って裁判所が証拠調べをしてその結果を保全する手続をいいます。

メリット

・証拠保全は、訴訟における本来の証拠調べの時期に先立って裁判所が証拠調べをしてその結果を保全するという手続であるため、裁判所の決定があれば、相手方は証拠調べを拒否できません。

・証拠保全は、多くの場合、裁判所が検証の目的物の保管場所に赴いて、当該目的物の検証を実施する方法による証拠調べを行うため、保管場所における証拠を網羅的に確認することが可能です。

・証拠保全は、執行官送達によった場合、証拠調べ期日予定時間の直前に相手方に送達されるため、相手方が証拠を改ざんするリスクを回避できます。

デメリット

・証拠保全は、証拠保全を利用する必要性を疎明しなければならず、疎明できなければ申立てが認められません。

・証拠保全申立てにあたり、疎明に足りるだけの主張立証の準備等、時間的・経済的負担を要します。

・証拠保全は、裁判所が証拠調べを行うことになるため、当然相手方も申立人側が訴訟を見据えて行動していることを知るところとなります。証拠保全後は、相手方も申立人側の対応を警戒します。

③訴えの提起前の照会（民訴法132条の2以下）

　訴えの提起前の照会とは、提訴予告通知を利用することにより、訴えの提起前に、相手方への照会及び裁判所に対して訴えの提起前の証拠収集処分を申し立てることができるという制度です。

メリット

・訴えの提起前の照会を受けた相手方には回答義務があるため、申立人側にとって有利な証拠を得るだけでなく、相手方の回答態度を訴訟における有利な事実として利用することが考えられます。

デメリット

・訴えの提起前の照会を利用した場合には、相手方も訴訟を提起されることを知るところとなります。

・訴えの提起前の照会には、回答拒否事由が法定されているため（民訴法132条の2第1項ただし書）、必ずしも回答を得ることができるわけではありません。

3　訴訟の告知

　交渉から訴訟へと移行するにあたり、実務上、原告側が相手方に対し、交渉に応じない場合には訴えを提起する予定がある旨を通知することがあります。

　交渉から訴訟へ移行する旨の告知について、法律上の義務はありませんが、早期に示談交渉による解決を目指している場合には、相手方に対し、**話し合いによる解決を促すために**用いることがあります。

　もっとも、訴訟告知の表現が度を過ぎていると捉えられるおそれがある場合には、相手方から不相当と批難されるリスクもあります。

　したがって、訴訟告知をするかどうか、また訴訟告知をするとしてどの時期に、どのような表現で行うかは、慎重に考えましょう。

4　被告の送達場所の確認

　訴訟を提起する段階では、被告の送達場所を確認する必要があります。

　訴訟提起前の交渉段階において、通知書が被告に到達し、交渉のやり取りがある場合には特に問題はありませんが、通知書を送付してもなんら回答がない場合には、送達場所が問題となる可能性があります。

　訴訟提起前の交渉段階で被告と交渉できていない場合には、事前に被告の住民票を取得するなどして住所地を確認しておきましょう。

　訴状を提出し、裁判所から被告宛に送付しても訴状が到達しない場合

には、付郵便送達（書留郵便）や公示送達を検討することになります。

4　訴訟の提起

1　訴訟の提起

　訴訟の提起は、訴状を裁判所に提出することで行います（民訴法33条）。

　訴状を提出する際には、正本のほか、被告の数に応じた副本、収入印紙、送達のための予納郵便切手、訴訟委任状、当事者が法人である場合には商業登記等を用意する必要があります。

　収入印紙は、訴額の算定ミスなどもあり得ますので、訴状原本には貼り付けず、封筒に同封して郵送することが一般的です。

　訴状提出後、訴状等に不備な点があると、書記官から任意の補正、追完の連絡があります。補正等をする場合には、書記官に次の点を確認するようにしましょう。

■補正等をする場合に書記官に確認すべき点

①　事件番号
②　担当部・担当係の名称
③　担当部・担当係の電話番号・ＦＡＸ番号
④　補正等の方法（訴状訂正申立書の提出又は提出済みの正本・副本の訂正・差替え）
⑤　書面提出が必要な場合の提出方法（郵送又はＦＡＸ）

　その後、裁判所が早期に適切な審理計画を立て、事件の種類や内容に応じた実質的な審理を行うために、訴訟の進行に関する意見その他訴訟の進行について参考とすべき事項の聴取が行われます（民訴規61条）。

　実務上では、書記官から「訴訟進行に関する照会書」が送付されてきます。また、担当書記官から、電話やＦＡＸで第1回口頭弁論期日の日程調整に関する連絡がきます。日程調整の上、第1回口頭弁論期日の日

時が指定されたら、「期日請書」を提出しましょう。

2　送達

　訴状審査や期日指定の後、裁判所から訴状の副本等が被告に送達されます（民訴法 138 条 1 項、民訴規 58 条 1 項）。

　通常は、郵便による送達の方法（特別送達）が用いられますが、不送達となった場合、担当書記官が原告代理人に対し、被告の就業場所の調査や住民票の取り寄せ、住所地の現地調査及びその報告書（本書 130 頁）の提出を依頼することがあります。

　また、「当事者の住所、居所その他送達をすべき場所が知れない場合」等（民訴法 110 条 1 項）には、当事者の申立てによって、公示送達を求めることができます。

　公示送達を行う場合にも、当事者の送達場所が不明であることを確認するための調査報告書を提出することになります。公示送達を申し立てる場合に必要な調査報告書は、各裁判所のホームページに書式が掲載されています（次頁は、東京簡易裁判所の掲載例です）（https://www.courts.go.jp/tokyo-s/vc-files/tokyo-s/file/9chousahoukokusho.pdf）。

　担当書記官が公示送達相当と判断した場合には、原告代理人は、第 1 回口頭弁論期日に弁論を終結するために、早期に書証を提出し、担当書記官による書証の公示送達を可能にする必要があります。

　なお、前記のとおり、訴状の送達が奏功しなかった際に、十分な現地調査等をせずに安易に公示送達の申立てを行った事案において、戒告の懲戒処分を受けるという事例もありますので、**公示送達の申立てが適切かどうかは事前に十分な調査をした上で判断**しましょう（「自由と正義」44 巻 5 号 111 頁）。

■調査報告書の例

令和　　年（　）第　　　号　　　　請求事件
原　　告
被　　告

調　査　報　告　書

令和　　年　　月　　日

東京簡易裁判所民事第　　室　　係　　御中

調査者　　　　　　　　　　　　印
（原告との関係　□本人　□　　　　　　　　）

1　就業場所について
　□不明
　□（□訪問して・□電話で）調査した結果，次のとおり判明しました。
　〒
　（所在地・名称）＿＿＿＿＿＿＿＿＿＿＿＿＿＿＿＿＿＿＿＿＿＿
2　住（居）所について
　(1)　調査日時　　令和　　年　　月　　日　　午前・午後　　時　　分
　(2)　調査場所　＿＿＿＿＿＿＿＿＿＿＿＿＿＿＿＿＿＿＿＿＿＿＿＿
　(3)　調査内容
　　　ア　表札　　　　□あり（姓　　　　　　）　　□なし
　　　イ　郵便受け　□あり　　　□なし
　　　ウ　電気・ガスメーター　□あり（□作動　□不動）　　　□なし
　　　エ　話を聴いた人・聴いた内容

　　　オ　その他の特記事項（洗濯物の有無，室内の様子等）

5　訴訟の審理

1　第1回口頭弁論期日

　弁護士が代理人として選任されている場合、当事者本人の出席は必要とされていないため、通常は弁護士のみの出席で対応します。

　第1回口頭弁論期日では、訴状及び答弁書の陳述（被告欠席の場合には擬制陳述（民訴法158条））が行われた後、次回期日の指定がなされます。

　被告が答弁書等を提出しないときは、擬制自白（民訴法159条3項）が成立し、弁論が終結され、直ちに調書判決の方法により、いわゆる欠席判決をすることができます（民訴法254条1項1号）。

　なお、弁護士が**代理人として依頼を受けていながら、答弁書も提出せず、第1回口頭弁論期日を欠席**したことが懲戒事由に該当すると判断された事例があります（戒告・「自由と正義」47巻12号186頁）。当然のことですが、代理人として依頼を受けた以上は、無断欠席をすることのないよう期日の管理は適切に行いましょう。

2　第2回目以降の期日

　第2回期日以降は、各争点に関する主張・立証を当事者双方で行っていきます。

　おおむね次回期日の1週間前に書面の提出期限が設定されます。

　各期日は、おおむね1〜2か月に1回の頻度で行われます（夏季休廷等があればさらに間隔が空くこともあります）。

　なお、原告側の書証は甲号証、被告側の書証は乙号証と表記されますが、被告が複数名いる場合や、医療訴訟のように書証の種類を符号で分ける場合などは、これと異なる書証の表記をすることがあります。書証の符号の付け方が通常と異なる場合には、担当裁判官・書記官と協議しましょう。

3　弁論準備手続期日

　弁論準備手続期日は、公開の法廷で行う必要がありませんので、ラウ

ンドテーブル法廷等で行われることとなります。裁判所が相当と認めて許した者以外は傍聴することができませんが、当事者が申し出た者は傍聴が許されることもあるため（民訴法169条2項）、傍聴希望者がいる場合には事前に担当書記官に連絡しておきましょう。

　弁論準備手続期日は、電話会議システム又はWEB会議システムを利用して行うことができます（民訴法170条3項）。

4　文書提出命令と文書送付嘱託

　当事者が文書の所持者にその文書の送付を求める方法として、文書提出命令の申立て（民訴法219条）と文書送付嘱託の申立て（民訴法226条）があります。文書の所持者による任意の提出が見込まれる場合には、後者を申し立てることが通常であるといえます。

　実務では、文書の所持者が訴訟の相手方である場合やその関係者である場合には、文書提出命令の申立てをするのではなく、まずは文書送付嘱託の申立てで任意の提出を求め、任意に提出されない場合には、文書提出命令の申立てをすることが多い傾向にあります。

　文書提出命令を申し立てられた相手方である場合は、裁判所に対して意見書を提出することになりますが、裁判所により認容される可能性が高い場合には、決定に先立って裁判所と交渉し、提出範囲の限定やマスキング等をした上で任意に開示し、文章提出命令の申立てが却下されるよう反論します。

5　証拠調べ期日

　期日を重ねていくことで徐々に争点に関する主張・立証が整理され、十分に争点整理が行われた段階で、当事者尋問・証人尋問が行われます。

　当事者尋問・証人尋問の前には、双方から陳述書の提出がなされることが一般的です。

　人証を申請する場合、期日間に証拠申出書・尋問事項書を提出します。

　尋問の際には、以下を心がけるようにしましょう。

①証人テストの実施

　当事者尋問・証人尋問の実施前には、リハーサルも含めた証人テスト

を事前に行いましょう。

　陳述書の作成段階等でも当事者や証人との打合せを行っていたとしても、尋問の場面では相手方や裁判所からも質問されることが予想されるため、予期せぬ回答をしてしまうおそれもあります。

　証言予定者が冷静に証言をしてもらうためにも、事前に打合せを行い、主尋問への回答のリハーサルに加え、予想される反対尋問時の質問を想定した応答の練習も行っておきましょう。

　ただし、前記のとおり、事前の打合せという点で、被告が書証として提出した借用書の原本が原告代理人のもとに紛れ込んだことを奇貨として、原告本人と協議し、原告本人尋問において原告が借入金を返済したために借用書の原本が原告に返還されたなどという虚偽の供述をさせたことが懲戒事由に該当すると判断された事例があるように、証言予定者に**虚偽の証言を唆すようなことは決して許されません**（業務停止１月・「自由と正義」42巻12号185頁）。

　依頼者に有利に証言してもらおうとするあまり、事実を歪めるようなことをするなど一線を超えてはならないのは言うまでもありません。

②争点に関わる重要な部分に絞って尋問する

　尋問では、事前に定められた尋問時間を厳守することを意識しましょう。

　裁判官によっては尋問時間を超えた質問を制限することもありますので、特に主尋問は時間内に完了できるよう準備しておきましょう。

　また、代理人として相手方に反対尋問をする際には、行き過ぎた尋問をしないことにも留意しなければなりません。

　代理人の尋問が行き過ぎたために懲戒事由に該当すると判断された事例では、「あまり、つまらないことしないほうがいいよ」「そういう詐欺師みたいなことすんなよ、君」等と述べたことが問題とされています（戒告・「自由と正義」52巻3号212頁）。

③機材を準備する

　尋問に機材（プロジェクター、パワーポイントなど）が必要な場合には、機材の準備のために、担当書記官に事前に相談しておきましょう。

④録音に配慮する

裁判所は尋問時の応答を録音しているため、質問者と回答者の声が重ならないようにしましょう。声が重なるとその部分の録音が不十分となり、尋問の結果が調書に残らない可能性もあります。

　尋問前に、証人予定者にはあらかじめ、質問と回答の声が重ならないよう説明しておきましょう。

⑤尋問終了後の和解を検討する

　尋問終了後に和解が試みられることがあります。

　尋問が終了した段階で証拠調べは原則として完了したことになるため、尋問終了後の裁判所の心証は、判決を見据えたものとなっています。

　その上で裁判所から提示される和解案が依頼者にとって受け入れる余地があるかどうかは、依頼者ともよく協議して慎重に判断しましょう。

⑥最終準備書面を作成する

　尋問終了後に、裁判所から最終準備書面の提出について意見を求められることもあります。

　尋問の結果、それまでの証拠調べにはない新たな事実や証拠が確認できた場合や、複数の争点があり複雑な事案で裁判所の判断の遺漏を防止したい場合には、最終準備書面の作成も積極的に検討しましょう。

6　訴訟の終了

①裁判上の和解

　和解による解決のメリットは、当事者である程度結論をコントロールできる点にあります。

　和解の場合は原告被告双方が合意しなければ成立しないため、一定の譲歩をしなければなりませんが、判決で予想と異なる結論を下されるリスクを回避できます。

　また、和解であれば、判決ではできない解決を図ることも可能です。例えば、相手方に対し、解決金の支払方法を分割払いにする、一定の金額を支払った後に残金の支払いを免除してもらう条項を設定することがあります。他に、再発防止を誓約する旨の条項や、当事者双方で紛争の経緯等を第三者に開示しない秘密保持条項を設定する等が考えられます。

和解は柔軟性に富む手続であるため、有効に活用することを検討しましょう。

　依頼者によっては、和解と聞くと「譲歩をしなければならない」というイメージが先行してしまい否定的な姿勢を示す方もいますが、判決ではできない解決を図ることができるという**メリットを説明**することで、和解に対する姿勢を変えてくれることもあります。

　和解を成立させるためには、和解の成立の可能性や裁判官からの和解勧告等の依頼など、和解に関する情報を担当書記官に伝え、代理人として和解の機会を積極的に活用する姿勢で臨みましょう。

　なお、和解を成立させる際には、必ず依頼者本人の意思を確認するようにしましょう。

　依頼者の紹介者等から和解の意向を聞いたとしても、**依頼者本人の意向確認を怠って和解を成立**させた場合には懲戒事由に該当するおそれがあります（戒告・「自由と正義」56巻7号129頁）。

②判決

　判決は、裁判所の判断によって終局的な解決を図る手続です。

　和解に至ることができず、判決による解決を図る場合には、裁判所の訴訟指揮等から判決内容を予想しておき、控訴するかどうかを事前に検討しておきましょう。

　第一審判決に不服があり、控訴する場合には控訴期間に注意しなければなりません。控訴期間は判決書の送達を受けた日から2週間と定められています（民訴法285条）が、いざ判決書が届いてから対応しようとすると、控訴の準備が間に合わなくなるおそれがあります。

　なお、判決期日には出廷する必要はありません。判決期日に出廷しない場合には、判決書の送達（郵送）を希望するのか、係属部の書記官室に受領しに行くのかを事前に担当書記官に伝えておきましょう。

　判決の内容は、判決期日に出廷しなくとも、判決言渡し後に裁判所に架電し、書記官から概要を聞くことができます。こうすることで、控訴するかどうかの素早い検討も可能となります。

6 上訴

1　上訴で起こり得るトラブル

　上訴審では、特に多いトラブルとして**上訴期限の徒過**が挙げられます。

　控訴期限や上告期限を徒過してしまうと、上訴は不適法として却下されてしまいますので、期間の管理は慎重に行わなければなりません。

　また、控訴状等の提出先にも注意が必要です。誤って上訴審に提出することがないように確認しておきましょう。

　さらに、強制執行停止の手続についても留意が必要です。第一審において**仮執行宣言が付されている場合には、強制執行を受けるリスク**がありますが、依頼者に強制執行のリスクを説明していたかどうかが問われることもあります。

　このように、上訴審では第一審とは異なる注意点があります。

　以下では、上訴審対応の留意点として押さえていただきたいポイントを解説します。

2　控訴審（第二審）の流れ

　民事訴訟における控訴審（第二審）の進行は次のとおりです。

■控訴審（第二審）の流れ

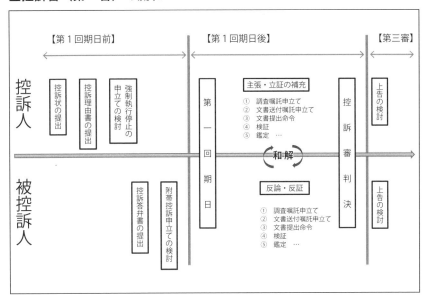

以下では、それぞれの手続の留意点を解説します。

【控訴の提起】
① 控訴状の提出
② 控訴理由書の提出
③ 強制執行停止の検討
【控訴審の審理】
④ 第1回口頭弁論期日
⑤ 第2回目以降の期日
【控訴審の終了】
⑥ 和解
⑦ 判決

3 控訴の提起

1 控訴状の提出

第一審の判決内容に不服がある場合、判決書の送達を受けた日から**2週間以内**に第一審裁判所に対して控訴裁判所宛の控訴状を提出します（民訴法285条）。

控訴人は、控訴期間の計算のほか、控訴状の提出先（終局判決をした第一審の裁判所）も確認しておきましょう。控訴状提出後、第一審裁判所に対し、控訴状が届いているかどうかの確認も必須です。控訴期間を徒過させてしまい懲戒を受ける事例も散見されますので、法定期間の遵守はくれぐれもご注意ください（戒告・「自由と正義」70巻8号64頁）。

2 控訴理由書の提出

控訴理由書は、控訴の提起後50日以内に控訴裁判所に提出することと規定されています（民訴規182条）。当該期間内に控訴理由書の提出がなかったとしても直ちに控訴が却下されるわけではありませんが期限遵守は常に意識しましょう。

3 強制執行停止の検討

第一審判決の主文に仮執行宣言が付されている場合には、判決が確定する前であっても強制執行がされる可能性があります。

控訴人が強制執行を避けたい場合には、強制執行がなされる前に第一審判決の主文における認容額を一旦支払ってしまうか、あるいは強制執行停止の申立て（民訴法403条1項3号）を検討する必要があります。

第一審判決によって敗訴した側から控訴審の依頼を受ける場合、第一審の仮執行宣言付判決によって強制執行を受ける可能性があれば、**強制執行停止の申立てを申請する方法があることは忘れずに依頼者に説明**するようにしましょう。控訴審の依頼を受ける際に、控訴に伴い強制執行停止の申立てをするという方法があることの説明を怠り、控訴状を提出したのみでは弁護士として委任事務を誠実に履行していないとして、懲戒処分の対象となるおそれがあります（戒告・「自由と正義」57巻7号

134頁）。

　強制執行停止の申立ては、第一審の裁判所に対してすることとなります。裁判所は、強制執行停止決定をする際に、担保を一定期間内に提供するよう求めてきますので、担保金（第一審判決の認容額の6〜8割程度）を準備しておく必要があります。

　なお、強制執行停止の申立てを行う際には、申立人自身が担保金の供託を行う場合と、申立人代理人弁護士が第三者供託を選択する場合があります。供託した担保金を申立人の財産として差し押さえられてしまうおそれがある場合等には、第三者供託を選択することも検討しましょう。

　申立人代理人弁護士が第三者供託をする場合には、強制執行停止の申立てと同時に、第三者供託の許可に関する上申書を裁判所に提出することになります。

　なお、事前に被控訴人側に対して、強制執行停止の申立てをする予定であることを通知し、仮執行宣言に基づく強制執行申立てを差し控えるように牽制しておくことも考えられます。

4　控訴審の審理

1　第1回口頭弁論期日

　控訴審の第1回口頭弁論期日では、まず控訴状・控訴答弁書の陳述、弁論の更新が行われます。

　弁論の更新がされた後、その他の準備書面の陳述、書証の取調べ等が行われます。

　その後、裁判所から当事者双方に対して追加主張・立証の有無の確認がなされ、続行期日が指定されるか、弁論終結して判決言渡し期日が指定されます。

　控訴審では、第1回口頭弁論期日において直ちに弁論終結される場合が少なくありません。

　もっとも、第1回口頭弁論期日において直ちに弁論終結となった場合でも、その後に和解期日が設定される傾向にあります。

　控訴人、被控訴人いずれの立場であっても、控訴審における第1回口

頭弁論期日では、和解の打診があり得ることを念頭に置いておき、依頼者と事前に和解の可能性について協議した上で、第1回期日は裁判期日対応の時間を長めに予定しておきましょう。

2　第2回目以降の期日

　控訴審が第1回口頭弁論期日において直ちに弁論終結とならず、続行期日が指定された場合には、その後の流れは、第一審と同様となります。

5　控訴審の終了

1　和解

　第1回口頭弁論期日で弁論終結となったとしても、控訴審が事実審最後の段階であることに鑑み、裁判所が和解期日を設定することがあります。

　控訴人側では、敗訴によるリスクも勘案し、和解による解決を慎重に検討することになります。

　被控訴人側では、控訴人に対する強制執行可能性も勘案し、和解によって任意弁済を受けるメリットや上告提起等の可能性も検討し、和解に応じるか否かを検討することになります。

2　判決

　第一審判決と同様、判決期日への出席は必要ありません。

　敗訴が見込まれる当事者は、上告提起・上告受理申立てをするか否かを検討します。もっとも、上告・上告受理申立てが認められる場合は限られているため、あらかじめ依頼者に対して上告・上告受理申立てが認められる可能性について説明し、上告審まで移行するかどうかをよく検討しておきましょう。

6　上告審の流れ

　民事訴訟における上告審（第三審）の進行は次のとおりです。

■上告審（第三審）の流れ

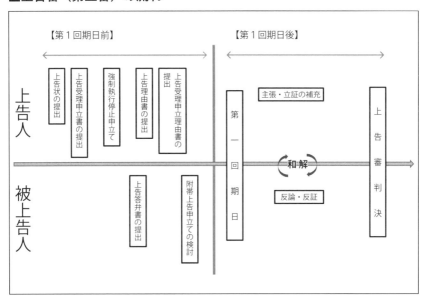

7　上告提起

1　上告提起・上告受理申立て

　控訴審の判決書の送達を受けた日から2週間以内に、控訴裁判所に対して上告裁判所宛の上告状及び上告受理申立書を提出することとなります（民訴法313条、285条）。

　上告理由書・上告受理申立理由書は、上告提起通知書・上告受理申立通知書の送達を受けた日から**50日以内**に提出します。この期間内に提出されないときは、控訴裁判所が上告・上告受理申立てを却下することとなるため、注意が必要です。控訴理由書と異なり、提出期限内に提出しなければ却下される点にはくれぐれもご留意ください（戒告・「自由と正義」63巻1号118頁、戒告・「自由と正義」66巻11号89頁ほか）。

　また、上告理由書、上告受理申立理由書は、郵送または持参して提出しなければならず、FAX送信は不可です（民訴規3条1項5号）。控訴理由書はFAX送信が可能である点と異なるのでご留意ください。

　さらに、上告審の対応について依頼を受ける場合、上告提起だけでな

く**上告受理申立てについても委任の対象となるか**どうかは必ず確認しましょう。上告審の対応を受任した弁護士が、上告申立ては行った一方、上告受理申立てはその必要性を認識しながら行わなかったという事案において、職務懈怠として懲戒処分に付されています（戒告・「自由と正義」59 巻 10 巻 127 頁）。

2　強制執行停止の検討

　控訴審判決の主文において仮執行宣言が付されている場合には、一旦控訴審判決の主文における認容額を支払ってしまうか、強制執行停止の申立てを検討することとなります。強制執行停止の申立ては、訴訟記録が控訴裁判所にあるときは、控訴裁判所に対して行います。控訴審の場合と同様、担保金の準備が必要です。

　なお、第一審判決に対する強制執行停止決定の効力は、控訴審の本案判決があるまでとなるため、控訴審判決で仮執行宣言が付された場合には、改めて強制執行停止の申立てを行う必要があります。

8　上告審の審理

1　期日前

　上告審裁判所が受理決定をした上で、上告に理由があると判断し、口頭弁論を開くことが決められた場合には、正式な決定に先立って担当書記官から日程調整の事前連絡がくることとなります。

　被上告人に答弁書の提出が求められるほか、当事者双方に対して弁論要旨の提出を求められることもあります。

　なお、前記のとおり、上告理由書・上告受理申立理由書は、上告提起通知書・上告受理申立通知書の送達を受けた日から **50 日以内**に提出しなければなりません。

　上告理由が成り立つためには学者の意見書が必要である旨は説明したものの、提出期間内に提出しなければ直ちに上告が却下されるということとまで説明していなかったという事案において、期間内に上告理由書を提出しなかったために上告が却下されたことに対し、懲戒処分が付され

ています（戒告・「自由と正義」61巻9号169頁）。

2　口頭弁論期日

　口頭弁論期日では、上告状・上告受理申立書・答弁書の陳述がなされ、提出した弁論要旨に沿って、口頭で弁論が行われた後、弁論が終結し判決言渡し期日が指定されます。

9　上告審の終了

1　和解

　実際に成立することは少ないですが、上告審においても和解をすることができます。裁判所からの和解勧試のほか、当事者から裁判所に対して職権による和解勧試を求める上申を行う方法もあります。

2　判決

　裁判所が上告に理由がないと認める場合には、上告棄却の決定（民訴法319条）がなされます（なお、「裁判の迅速化に係る検証に関する報告書」（令和3年7月）（最高裁判所事務総局）（https://www.courts.go.jp/vc-files/courts/2021/09_houkoku_zentai.pdf）によれば、上告事件の平均審理期間は4.9月、上告受理事件の平均審理期間は5.1月とされており、半年程度で上告事件及び上告受理事件の圧倒的多数の事件が却下決定又は棄却決定、及び不受理決定で終局しているとのことです）。

　他方、上告に理由があると認めるときは、原則として、破棄差戻し判決（民訴法325条1項前段）がなされますが、例外として、破棄自判の判決（民訴法326条）がなされることもあります。

　差戻しを受けた裁判所では、従前の控訴審の口頭弁論が続行され、審理を行うこととなります。

　なお、差戻しを受けた裁判所は、破棄判決に拘束されるものの、事実認定及び法律判断は自由にできるため、必ずしも上告人が控訴審判決よりも有利な判断を受けられるとは限らないことに注意が必要です。

7 強制執行・訴訟費用額確定処分

1 訴訟後における留意点

　訴訟において和解の成立や判決の言渡しがなされたとしても、弁護士の担当する法律業務が終了するわけではありません。

　裁判上の和解や判決によって決められた事項について、被告側が履行に応じなければ、強制執行を検討することになります。

　強制執行及び担保権の実行は複数の種類がありますが、相手方が強制執行を察知した場合には執行を回避するために財産を移動したりするおそれがあります。事案に応じて適切な執行方法を選択することを意識しましょう。ただし、強制執行は債務者に与える影響も大きいため、強制執行の前に債務者から任意の支払いがないか等は確認する必要があります。すでに債務者が任意に支払いに応じたにもかかわらず差押えを実施してしまうと懲戒処分の対象となることもあり得ます（戒告・「自由と正義」61 巻 9 号 151 頁）。

　また、訴訟による解決には、収入印紙や予納郵券、証人の出廷日当等の訴訟費用も少なからず発生します。訴訟費用の回収を図る場合には、訴訟費用額確定処分の申立ても検討する必要があります。

　実務では訴訟費用額確定処分の申立てを利用することはあまり多くないかもしれませんが、その使いどころを理解した上で有効に活用することは、**依頼者の経済的満足度を向上させる**ことにも繋がります。

　以下では、訴訟終了後における、強制執行及び訴訟費用額確定処分の留意点について解説します。

2　強制執行・担保権の実行の概要

　強制執行、担保権の実行としての競売及び民法、商法その他の法律の規定による換価のための競売（形式的競売）並びに債務者の財産開示を総称して、「民事執行」といいます（民執法1条参照）。

　民事執行のうち、強制執行及び担保権の実行としての競売は、債権者の債務者に対する私法上の請求権を、国家権力をもって強制的に実現する手続です。民事執行の概要を整理すると以下のとおりです。

■民事執行の概要

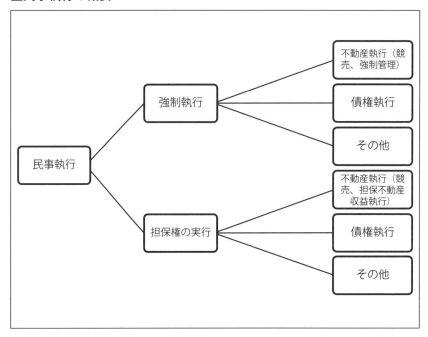

1　強制執行

　強制執行は、債権者の請求を認容する判決や裁判上の和解が成立したにもかかわらず、相手方が債務の支払い等に応じない場合に、判決等の債務名義を得た債権者の申立てに基づき、裁判所が債権を強制的に実現する手続をいいます。

2　担保権の実行手続

　担保権の実行手続は、債権者が債務者の財産について抵当権などの担保権を有しているときに、これを実行して当該財産から満足を得る手続です。

　担保権の実行の場合、判決などの債務名義は不要であり、担保権が登記されている登記簿謄本などが提出されれば、裁判所は手続を開始します。

3　債権執行手続の流れ

1　債権執行

　債権執行とは、債務者の第三債務者に対する債権を差し押さえ、これを換価して債務者の債務の弁済に充てる執行手続です。

2　債権執行の対象

　債権執行の対象は、金銭債権及び動産・船舶・航空機・自動車・建設機械の引渡請求権です（民執法 143 条・162 条・163 条、民執規 142 条・143 条）。

3　債権執行手続の流れ

　次頁からは、債権執行手続の流れを説明します。

■債権執行手続の流れ

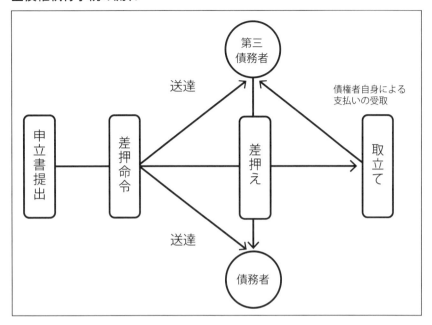

①申立て

　債権執行の申立ては、裁判所に申立書を提出する必要があります。

　申立書の提出先である執行裁判所は、第一次的には債務者の普通裁判籍所在地（債務者の住所地）を管轄する地方裁判所（支部を含む）です。

　債務者の普通裁判籍がない場合、第二次的に差押債権の所在地を管轄する地方裁判所となります（民執法144条）。

②第三債務者に対する陳述催告の申立て

　申立てにあたり、差押えの対象となる差押債権の有無及びその金額等を確認する場合には、第三債務者に対する陳述催告の申立てをします。

　債権者は、裁判所書記官に対し、第三債務者に被差押債権の存否、種類、額等の事項について、2週間以内に書面で陳述すべき旨の催告を申し立てることができます（民執法147条、民執規135条）。

　第三債務者に対する陳述催告の申立てとは、被差押債権が支払いを受けられる債権かどうか、他に競合する債権者が存在するかどうか等を第三債務者に陳述させ、債権者に債権の取立てあるいは転付命令等の申立

てなど、その後の手続選択の判断資料を得させようとする制度です。

　第三債務者に対する陳述催告の申立てをする場合には、債権差押命令申立てと同時に行うことになります。

③差押命令

　裁判所は、債権差押命令申立てに理由があると認めるときは、差押命令を発し、債務者と第三債務者に送達します（民執法 145 条 3 項）。

　差押えの効力は、差押命令が第三債務者に送達されたときに生じます（民執法 145 条 5 項）。

④差押え

　執行裁判所は、差押命令において債務者に対しては債権の取立てその他の処分の禁止を命じ、第三債務者に対しては債務者への弁済の禁止を命じます（民執法 145 条 1 項）。

　したがって、差押えの効力が生ずると、第三債務者は、債務者へ弁済することができなくなり、差押債権者への支払い又は供託によらなければ債務を免れることができなくなります（民執法 155 条、156 条）。

　また、債務者は、差押えの効力が生じた後に、当該債権を譲渡したり、免除したりしても、当該債権執行手続との関係では、その効力は無視されます（民執法 166 条 2 項・84 条 2 項・87 条 2 項・3 項）。

　このように、債権差押えは債務者に大きな影響が与えます。特に、銀行預金の差押えは、債務者の経済的信用も毀損するおそれがあります。

　仮に債権差押えの前に債務者が任意の支払いを行い、差押債権が消滅していたにもかかわらず、差押手続を直ちに取り下げなかった場合、**差押申立てを代理対応した弁護士が懲戒処分を受けるおそれがある**ことにはご注意ください（戒告・「自由と正義」61 巻 9 号 151 頁）。

⑤取立て

　差押債権者は、差押命令が債務者に送達された日から 1 週間を経過したときは、債権者は被差押債権を自ら取り立てることができます（民執法 155 条 1 項本文）。ただし、給料債権の差押えについては、1 週間ではなく 4 週間となります（民執法 155 条 2 項）。

　差押債権者が第三債務者から支払いを受けると、その債権及び執行費用は、支払いを受けた額の限度で弁済されたものとみなされます（民執

法155条3項)。

　ただし、第三債務者は、差押えに係る金銭債権の全額を供託して債務を免れることができます（権利供託、民執法156条1項）。

　第三債務者が供託をした場合には、裁判所が配当を行うため、直接取り立てることはできません。

4　競売の流れ（不動産執行手続①）

1　申立て

　不動産強制競売は、執行裁判所が債務者の不動産を売却し、その代金をもって債務者の債務の弁済に充てる執行手続です。

　不動産強制競売の申立ては、書面でしなければなりません。

　債権者は、目的不動産の所在地を管轄する地方裁判所に対し、申立書を提出する必要があります（民執法44条1項）。

2　開始決定

　執行裁判所は、申立てが適法にされていると認められた場合は、不動産執行を始める旨及び目的不動産を差し押さえる旨を宣言する開始決定（強制競売開始決定）を行います（民執法45条1項）。

　開始決定は、債務者に送達されます（民執法45条2項）。

3　差押え

　差押えの効力は、開始決定が債務者に送達された時、又は差押えの登記がなされた時のいずれか早い時期に生じます（民執法46条1項）。

　実務上、債務者が差押不動産の登記名義を第三者に移転することを防ぐため、書記官は、債務者への送達より差押えの登記嘱託（民執法48条1項）を先行させています。

4　売却の準備

　民事執行法では、差押不動産について適正な競売が行われるよう、以下の売却準備手続を規定しています。

①売却のための保全処分

　執行裁判所は、債務者又は不動産の占有者が不動産の価格を減少させる行為又はそのおそれがある行為をするときには、民執法55条所定の保全処分又は公示保全処分（執行官に当該保全処分の内容を公示させる保全処分）を命ずることができます。

②現況調査と評価

　執行裁判所は、適正な売却基準価額を定め、売却条件を明確にするため、執行官に対し差押不動産の現況調査を命じ（民執法57条）、現況調査報告書を提出させるとともに（民執規29条）、評価人を選任してこれに不動産の評価を命じ（民執法58条1項）、評価書を提出させます（民執規30条）。

③売却基準価額の決定

　売却基準価額とは、不動産の売却の基準となるべき価額です。

　入札における買受申出の額は、売却基準価額の8割を下回ることはできません（民執法60条3項）。

④三点セットの作成

　執行裁判所は、執行官や評価人に調査を命じ、目的不動産について詳細な調査を行い、買受希望者に閲覧してもらうための三点セットを作成します。

　三点セットは、以下の書類を指します。

ⅰ現況調査報告書

　土地の現況地目、建物の種類・構造など、不動産の現在の状況のほか、不動産を占有している者やその者が不動産を占有する権原を有しているかどうかなどが記載され、不動産の写真などが添付された書類

ⅱ評価書

　競売物件の周辺の環境や評価額が記載され、不動産の図面などが添付された書類

ⅲ物件明細書

　そのまま引き継がなければならない賃借権などの権利があるかどうか、土地又は建物だけを買い受けたときに建物のために底地を使用する権利が成立するかどうかなどが記載された書類

5　売却実施

　売却の準備が終了した後、裁判所書記官は、売却方法を決定します（民執法 64 条 1 項）。

　売却の方法として、入札、競り売り、特別売却があります（民執法 64 条 2 項、民執規 51 条）。

　執行裁判所は、売却決定期日において、最高価買受申出人に対する売却の許否を審査し、売却の許可又は不許可を言い渡します（民執法 69 条）。この決定は確定しなければ効力は生じません（民執法 74 条 5 項）。

6　入札から所有権移転の流れ

　入札は、公告書に記載されている保証金を納付し、売却基準価額の 8 割以上の金額でしなければなりません。

　最高価で落札し、売却許可がされた買受人は、裁判所が通知する期限までに、入札金額から保証金額を引いた代金を納付します。納付したときに所有権が移転します。

　買受人が納付期限までに代金を納付しないときは、期限の経過によって売却許可決定は当然にその効力を失い、買受人は原則として保証金の返還を請求できません（民執法 80 条 1 項）。

　この保証金は、売却代金の一部として保管され、配当金に充当されます（民執法 86 条 1 項 3 号）。

7　不動産の引渡し

　対象不動産に占有権原を有さない者が居住している場合、執行裁判所は、対象不動産の占有者に対し、不動産を引き渡すべき旨を命ずることができます（民執法 83 条 1 項）。

　引渡命令は、買受人が代金を納付した日から 6 か月（民法 395 条 1 項に規定する建物使用者が占有していた場合は 9 か月）を経過すると申立てをすることができません（民執法 83 条 2 項）。

8　配当

　配当とは、執行裁判所が、差押債権者や配当の要求をした他の債権者

に対し、法律上優先する債権の順番に従って売却代金を配る手続です。

　原則として、抵当権を有している債権と、抵当権を有していない債権とでは、抵当権を有している債権が優先します。

　また、抵当権を有している債権の間では抵当権設定日の先後の順に優先し、抵当権を有していない債権の間では優先関係はなく、平等に扱われることになります。

5　担保不動産収益執行（不動産執行手続②）

　不動産に対する強制執行の方法としては、不動産強制競売のほかに、強制管理及び担保不動産収益執行があります。

　強制管理とは、債務者から不動産の所有権を奪うことなく、目的物件について債務者の管理・処分権を拘束し、目的物から生ずる果実の収益を徴収してこれを債権者の金銭債権の満足に充てることを目的とする執行方法です。

　一方、担保不動産収益執行とは、抵当不動産から生じる賃料等の収益を抵当権の被担保債権に対する優先弁済に充てることを目的として、平成 15 年法律第 134 号の改正法（平成 16 年 4 月 1 日施行）によって新設された制度です（民執法 180 条 2 号）。担保不動産収益執行は、強制管理類似の手続であり、抵当不動産及び収益を差し押さえた上、執行裁判所が選任する管理人において収益を収取し、収益執行を申し立てた抵当権者その他の配当受領権者に配当する手続です。

　不動産について先取特権、抵当権、質権を有する担保権者の申立てに基づき、執行裁判所が、収益執行の開始決定をし、かつ、管理人を選任します。あわせて、担保不動産の賃借人等に対して、その賃料等をこの管理人に交付するよう命じます（民執法 188 条・93 条 1 項・94 条 1 項）。

　管理人は、執行裁判所の監督の下、担保不動産の賃料等の回収や、事案によっては、既存賃貸借契約の解除又は新賃貸借契約の締結を行います（民執法 188 条・95 条 1 項・99 条）。

　管理人又は執行裁判所は、執行裁判所の定める期間ごとに、債権者に対し配当等を実施します（民執法 188 条・107 条・109 条）。

なお、強制管理の申立ての依頼を受けた弁護士が、強制管理対象物件に根抵当権を設定していた金融機関が強制管理対象物件の賃料に対し債権差押命令の申立てを行い債権差押命令が出されたために、強制管理の実効性が失われたと判断して依頼者の了解を得ずに強制管理の申立てを取り下げたことが懲戒事由に該当するという事例があります（戒告・「自由と正義」59巻11号115頁）。当該事例は依頼者の意向確認を怠ったことが問題とされています。強制管理を結果的に取り下げざるを得ないとしても、**依頼者の自己決定権の侵害という観点から問題**とされることにはご留意ください。

6　訴訟費用額確定処分

　訴訟費用とは、手数料や郵便切手等、「民事訴訟費用等に関する法律」2条に規定されている費用のことをいいます。
　訴訟費用は、判決等の主文でその負担者（原則として敗訴した者）とその負担の割合を定められますが、具体的な金額については定められていません。
　相手方に対して訴訟費用の償還を求めるためには、裁判所に訴訟費用額確定処分の申立てをし、その具体的な金額を確定する必要があります。
　以下では、訴訟費用額確定処分の手続を説明します。

7　訴訟費用額確定処分の申立て

1　申立ての時期
　費用負担の裁判が執行力を生じたときから申立てをすることができますが、判決の場合であれば判決の確定後に申し立てることが一般的です。

2　申立書等の提出先
　第一審の裁判所（民訴法71条1項）に正本を提出します。上告審まで争った場合でも、提出先は第一審の裁判所であることにご注意ください。副本は相手方に直送し、その旨を申立書に記載することが通常です。

3 提出書類等

①申立書

訴訟費用額確定処分は裁判所書記官が行いますので（民訴法71条1項）、宛名は「裁判所書記官」になります。

②予納郵券

各裁判所によって異なりますので、裁判所に問い合わせて金額・内訳を確認しましょう。

③費用計算書

申立書には、支出した費用について、その種目とその額を具体的に記載した費用計算書を添付する必要があります。

計算書に記載することができる主な費目及びその額の内容は次のとおりです（「民事訴訟費用等に関する規則」に基づきます）。

ア　訴え提起手数料	裁判所に納付した手数料（収入印紙）の額です（訴えの変更等で手数料額に変更がある場合などには、最終的な請求に対応する手数料額となります）。
イ　書類の送付・送達費用	予納郵券の使用分の金額です。正確な金額は裁判所への照会等で確認します。 事件記録の閲覧、担当書記官への照会などで金額を確認してください。
ウ　期日への出頭日当	口頭弁論期日等に出頭したことによる日当の額です。
エ　期日への出頭旅費	口頭弁論期日等に出頭するために要した旅費の額です。 申立人の住所を管轄する簡易裁判所と出頭した裁判所の所在地を管轄する簡易裁判所との直線距離などに応じて金額が定まります。

オ　書類の作成及び提出費用	訴状等の書類の作成及び提出に要した費用の額です。
カ　官庁等からの書類交付費用	相手方が法人の場合に提出した登記事項証明書等の取得に要した費用の額です。
キ　訴訟費用額確定処分正本送達費用	予納郵券の額です。

※松江地方裁判所民事部作成のHPをもとに筆者作成

8　訴訟費用額確定処分後の対応

　訴訟費用額確定処分に不服がある場合には、その告知を受けた日から1週間以内に、裁判所に対して異議申立てをすることができます（民訴法71条4項）。また、異議申立てについての決定に対しては、即時抗告をすることができます（同条7項）。

　申立人は、訴訟費用額確定処分に基づき、相手方に対して訴訟費用の償還を求めることができます。相手方が償還に応じない場合には、訴訟費用額確定処分に基づき強制執行をすることができます。

9　訴訟費用額確定処分の使いどころ

1　訴訟を提起された側の抑止力

　訴訟費用確定処分は、訴訟を提起された被告側にとって、**原告に対する抑止力**となる場合があります。

　原告側は訴訟を提起するかどうかを選択することができますが、被告側では訴訟を提起された場合には訴訟対応を余儀なくされます。

　被告側の反論が認められ、原告の請求がすべて棄却されたとしても、被告から原告に対して請求できることは限られています。原告の訴訟が不当訴訟であり不法行為に該当するという主張をすることも考えられますが、不当訴訟に該当する場合は「提訴者が当該訴訟において主張した

権利又は法律関係が事実的、法律的根拠を欠くものであるうえ、提訴者が、そのことを知りながら又は通常人であれば容易にそのことを知りえたといえるのにあえて訴えを提起したなど、訴えの提起が裁判制度の趣旨目的に照らして著しく相当性を欠くと認められるときに限られるものと解するのが相当」（最判昭和 63 年 1 月 26 日民集 42 巻 1 号 1 頁）と限定的に解されているため、容易には認められません。

　一方、訴訟費用額確定処分であれば、費用計算書に従って算定することで裁判所の決定を得ることができ、原告に対して支払いを求めることができます。

　訴訟費用額確定処分で認容される金額は大きくはないものの、原告から訴訟提起をしていながら、かえって原告側が金銭的負担を求められることは、原告に対して安易な訴訟を提起することへの抑止力となります。

　なお、訴訟費用の負担を請求する可能性があることは、**裁判上の和解を協議する際に、原告の請求額を減額する理由付け**として指摘することが効果を有することもあります。

2　一部認容判決に対する裁判所の判断の推知

　訴訟費用は、判決等の主文でその負担者とその負担の割合を定められます。請求の一部が認容されたとしても、訴訟費用の負担割合が常に請求認容側に有利になるとは限りません。

　全面勝訴ではなく、原告の請求が一部認められるにとどまるときは、裁判所の裁量で訴訟費用の負担割合が決まります（民訴法 64 条）。

　訴訟費用の負担割合は、裁判所の裁量で判断されるため、この負担割合をみることで裁判所が原告と被告の言い分のどちらを評価したのかがある程度推測できます。

　例えば訴訟費用に関する一般的な主文例として次のようなものが挙げられます。

　1　被告は、原告に対し、金 100 万円及びこれに対する令和 5 年○月○日から支払済みまで年 3 分の割合による金員を支払え

　2　原告のその余の請求を棄却する。

3　訴訟費用はこれを5分し、その1を原告の負担とし、その余を
　被告の負担とする。

　上記のように、訴訟費用のうち5分の1を原告が負担し、5分の4を
被告が負担するということであれば、原告の請求額125万円のうち100
万円が認容されたということが推測できます（この他にも争点があった
場合にはこの限りではないため、あくまでも推測にとどまります）。

■著者紹介

長瀬　佑志（ながせ・ゆうし）
弁護士法人長瀬総合法律事務所代表。
東京大学法学部卒。
弁護士（61 期）、税理士、社会保険労務士、株式会社日本能率協会マネジメントセンター パートーナー・コンサルタント。
多数の企業の顧問に就任し、会社法関係、法人設立、労働問題、債権回収等の企業法務案件を担当するほか、交通事故、相続等の個人法務を扱っている。

主要著書
<単著>
『若手弁護士のための初動対応の実務』（レクシスネクシス・ジャパン、2016 年）
『運送会社のための労務管理・働き方改革対応マニュアル』（日本加除出版、2021 年）
『明日、相談を受けても大丈夫！　慰謝料請求事件の基本と実務』（日本加除出版、2022 年）

<共著>
『新版　若手弁護士のための初動対応の実務』（日本能率協会マネジメントセンター、2017 年）
『現役法務と顧問弁護士が書いた 契約実務ハンドブック』（日本能率協会マネジメントセンター、2017 年）
『現役法務と顧問弁護士が実践している ビジネス契約書の読み方・書き方・直し方』（日本能率協会マネジメントセンター、2017 年）
『若手弁護士のための民事弁護　初動対応の実務』（日本能率協会マネジメントセンター、2018 年）
『企業法務のための初動対応の実務』（日本能率協会マネジメントセンター、2019 年）
『コンプライアンス実務ハンドブック』（日本能率協会マネジメントセンター、2020 年）
『民法を武器として使いたいビジネスパーソンの契約の基本教科書』（日本能率協会マネジメントセンター、2021 年）

ほか

若手弁護士のための
相談・受任・解決トラブル回避術

2024年4月23日　初版発行

著　者　　長瀬佑志
　　　　　　な が せ ゆう し
発行者　　佐久間重嘉
発行所　　学 陽 書 房

〒102-0072　東京都千代田区飯田橋1-9-3
営業　電話　03-3261-1111　FAX　03-5211-3300
編集　電話　03-3261-1112
http://www.gakuyo.co.jp/

ブックデザイン／佐藤博
DTP制作／ニシ工芸　　印刷・製本／三省堂印刷

依頼者を受け止め、納得を得るための事例集！

弁護士と依頼者とのコミュニケーションにスポットを当て、実務で直面する「困った場面」や「特に丁寧な対応が求められる場面」をピックアップ。依頼者にどう話せばより良いかを「通常の対応例」と「工夫例」を比較しながら解説。

こんなときどうする
法律家の依頼者対応

京野哲也 [編著] ／中川佳男・岡 直幸・沖田 翼 [著]
Ａ５判並製／定価 3,190 円（10%税込）